石 田 英 明 著

実用マラーティー語会話

東京 大 学 書 林 発行

हिदेआकी इशिदा

व्यावहारिक मराठी संभाषण

दाइगाकु शोरिन, तोक्यो

はしがき

マラーティー語はインド中西部のマハーラーシュトラ州を中心に話される言語で，話者人口は7千万人以上と推定され，南アジアでも有数の言語です。インド・アーリヤ系であるので，ヒンディー語とは姉妹関係にあります。

マハーラーシュトラ州は国際的な商業都市ムンバイを州都とし，インド経済の中核となっている地域ですが，一方で古い歴史と伝統を持ち，文化的にもインドの重要な地域として今日に至っています。この地域の言語であるマラーティー語の重要性は今後日本でも広く認識されるようになるでしょう。

本書は『実用ヒンディー語会話』を作成した時と同様，鈴木斌先生の『実用ウルドゥー語会話』をモデルにさせていただきました。また，N. マントリー博士とM. コーラトカル博士からは貴重なご指導を給わりました。テープ録音ではM. コーラトカル博士のご子息夫妻のお世話になりました。皆様に心から御礼申し上げ，ここに記します。

石田英明

※本書には，別売のカセットテープが用意されています。どうぞご活用ください。

目　　次

ローマ字綴表

ア	イ	ウ	エ	オ
a	i	u	e	o
カ	キ	ク	ケ	コ
ka	ki	ku	ke	ko
サ	シ	ス	セ	ソ
sa	shi	su	se	so
タ	チ	ツ	テ	ト
ta	chi	tsu	te	to
ナ	ニ	ヌ	ネ	ノ
na	ni	nu	ne	no
ハ	ヒ	フ	ヘ	ホ
ha	hi	hu	he	ho
マ	ミ	ム	メ	モ
ma	mi	mu	me	mo
ヤ	イ	ユ	エ	ヨ
ya	i	yu	e	yo
ラ	リ	ル	レ	ロ
ra	ri	ru	re	ro
ワ	イ	ウ	エ	ヲ
wa	i	u	e	o
ン				
n				

ガ	ギ	グ	ゲ	ゴ
ga	gi	gu	ge	go
ザ	ジ	ズ	ゼ	ゾ
za	ji	zu	ze	zo
ダ	ヂ	ヅ	デ	ド
da	ji	zu	de	do
バ	ビ	ブ	ベ	ボ
ba	bi	bu	be	bo
パ	ピ	プ	ペ	ポ
pa	pi	pu	pe	po

キャ	キュ	キョ
kya	kyu	kyo
シャ	シュ	ショ
sha	shu	sho
チャ	チュ	チョ
cha	chu	cho
ニャ	ニュ	ニョ
nya	nyu	nyo
ヒャ	ヒュ	ヒョ
hya	hyu	hyo
ミャ	ミュ	ミョ
mya	myu	myo

リャ	リュ		リョ
rya	ryu		ryo
ギャ	ギュ		ギョ
gya	gyu		gyo
ジャ	ジュ	ジェ	ジョ
ヂャ	ヂュ	ヂェ	ヂョ
ja	ju	je	jo
ビャ	ビュ		ビョ
bya	byu		byo
ピャ	ピュ		ピョ
pya	pyu		pyo
ファ	フィ	フェ	フォ
fa	fi	fe	fo
スィ	ティ	トゥ	ディ
si	ti	tu	di

マラーティー語発音表記表

अ	□	ə	क	k	प	p
आ	□ा	ā	ख	k^h	फ	p^h, f
इ	ि□	i	ग	g	ब	b
ई	□ी	ī	घ	g^h	भ	b^h
उ	□ु	u	ङ	ṅ	म	m
ऊ	□ू	ū	च	c, ç	य	y
ऋ	□ृ	ru	छ	c^h	र	r
ए	□े	ē (e)	ज	j, z	ल	l
ऐ	□ै	əi	झ	j^h, z^h	व	v, w
ओ	□ो	ō (o)	ञ	ñ	श	ś
औ	□ौ	əu	ट	ṭ	ष	ṣ
अॅ	□ॅ	æ (ǣ)	ठ	$ṭ^h$	स	s
ऑ	□ॉ	ɔ (ɔ̄)	ड	ḍ	ह	h, ^{h}
अं	□ं	語尾	ढ	$ḍ^h$	ळ	ḷ
		ə̄, ə̃	ण	ṇ	क्ष	kṣ
		語頭・語中	त	t	ज्ञ	dny
		əṅ, əñ, əṇ	थ	t^h		
		ən, əm,	द	d		
		ən̊, əw̃	ध	d^h		
अः	□ः	əh	न	n		

デーウナーグリー文字のローマ字表記と発音

1）発音のローマ字表記については，なるべく原音に近くなるように努めたので，綴り字通りにローマ字化されていない場合（例，साहित्य sa:hittyə，संस्कृत səw̃skrut など）があります。

2）母音 ə ははっきりした「ア」ではなく，少し「ウ」に近いような音です。

3）有気音は小さい ^{h} で表記されています。k^{h} の場合，息を吐きながら「カ」と発音します。「カハ」とか「クハ」ではありません。また，本書では，न्ह，म्ह，र्ह，ल्ह，व्ह なども有気音として扱っています。

4）ṭ，ṭ^{h}，ḍ，ḍ^{h}，ṇ は反り舌音で，舌を硬口蓋の方まで反らせて発音します。ḷ も反り舌音ですが，舌を口蓋にほとんど触れさせずに，元の位置に戻すように発音します。これらは日本人にはかなり難しい発音なので，専門家やネイティヴの人に教わることができればいいでしょう。

5）ś と ṣ は普通同じように発音され，日本語の「シャ」と同様です。

6）普通，子音の直前の ṅ，ñ，ṇ，n，m，n̊ は大まかに「ン」と理解して発音して大丈夫です。また，əw̃ は「ァウン」のような発音です。鼻母音はほとんどありませんが，一部の間投詞に現れます。

7）च，ज，झ にはそれぞれ発音が2通りあります。（c は「チャ」，ç̣ は「ツァ」です。）また फ は「p^{h}」ですが，「f」のように発音されることがよくあります。व は普通「w」ですが，語彙により「v」で発音されることもあります。

8）本文中の斜線（/）は，男性と女性の区別や類語の例などを示しています。

実用マラーティー語会話

व्यावहारिक मराठी संभाषण

अ) उपचार वाक्ये

ə) upəcār wākyē

1) अभिवादन

1) əb^{h}iwādən

1. नमस्कार.	1. nəməskār.
2. कसं काय ? फार दिवसांनी भेट झाली.	2. kəsə̄ kāy ? p^{h}ār diwsānnī b^{h}ēṭ z^{h}ālī.
3. बरे / बऱ्या आहात ना ?	3. bərē / bəryā āhāt nā ?
4. आपल्या कृपेने सर्व ठीक आहे. आपण कसे / कशा आहात ?	4. āplyā krupēnē sərwə ṭ^{h}īk āhē. āpəṇ kəsē / kəśā āhāt ?
5. बरं, मी आता आपला निरोप घेतो / घेते.	5. bərə̄, mī ātā āplā nirōp g^{h}ētō / g^{h}ētē.
6. वडिलांना नमस्कार सांगा.	6. wəḍlānnā nəməskār sāṅgā.

A）基本表現

A) kihon hyōgen

1）挨　拶

1）aisatsu

1．ohayō(gozaimasu)/ konnichiwa / konbanwa.	1．おはよう(ございます)／こんにちは／こんばんは。
2．ogenki desu ka ? ohisashiburi desu ne.	2．お元気ですか？　お久し振りですね。
3．ogenki desu ka ?	3．お元気ですか？
4．okagesama de, daijōbu desu. anata wa ikaga desu ka ?	4．おかげさまで，大丈夫です。あなたはいかがですか？
5．dewa, sorosoro shitsurei shimasu.	5．では，そろそろ失礼します。
6．otōsan ni yoroshiku otsutae kudasai.	6．お父さんによろしくお伝え下さい。

7. बरं मग, येतो / येते.	7. bərə̄ məg, yētō / yētē.
8. बरं, नमस्कार.	8. bərə̄, nəməskār.
9. प्रकृती संभाळा. पुन्हा भेटू.	9. prəkrutī səmb^{h}āḷā. pun^{h}ā b^{h}ēṭū.
10. अच्छा, नीट संभाळून जा.	10. əcc^{h}ā, nīṭ səmb^{h}āḷūn zā.

2) कृतज्ञता आणि क्षमायाचना

2) krutədnyətā āṇi kṣəmāyācnā

1. थँक यू. / आभारी आहे.	1. t^{h}æṅk yū. / āb^{h}ārī āhē.
2. आपले फार उपकार झाले.	2. āplē p^{h}ār upəkār z^{h}ālē.
3. छे छे, आभार कसले मानता ?	3. c^{h}ē c^{h}ē, āb^{h}ār kəslē māntā ?
4. आपली फार कृपा झाली. आपण माझ्यासाठी फार त्रास घेतला.	4. āplī p^{h}ār krupā z^{h}ālī. āpəṇ māj^{h}āsāṭ^{h}ī p^{h}ār trās g^{h}ētlā.

7．jaa, mata.	7．じゃあ，また。
8．ja, sayōnara.	8．じゃ，さようなら。
9．ogenki de. mata aimashō.	9．お元気で。また会いましょう。
10. ja, ki o tsukete okaeri kudasai.	10. じゃ，気を付けてお帰りください。

2）感謝と謝罪

2）kansha to shazai

1．arigatō. / arigatō gozaimasu.	1．ありがとう。／ありがとうございます。
2．dōmo osewa ni narimashita.	2．どうもお世話になりました。
3．ieie, dō itashimashite.	3．いえいえ，どういたしまして。
4．okagesama de. taihen osewa ni narimashita.	4．おかげさまで。たいへんお世話になりました。

5. छे छे, मीच आपल्याला त्रास दिला आहे.	5. cʰē cʰē, mīç āplyālā trās dilā āhē.
6. माफ करा.	6. māpʰ kərā.
7. माफ करा. ठीक आहे ना ?	7. māpʰ kərā. ṭʰīk āhē nā ?
8. ठीक आहे. काळजी करू नका.	8. ṭʰīk āhē. kāḷjī kərū nəkā.
9. मी आपली क्षमा मागतो / मागते.	9. mī āplī kṣəmā māgtō / māgtē.
10. आपण त्या दिवशी फार कृपा केली. आभारी आहे.	10. āpəṇ tyā diwśī pʰār krupā kēlī. ābʰārī āhē.

3) अभिनंदन, प्रोत्साहन, सांत्वन

3) əbʰinəndən, prōtsāhən, sāntwən

1. अभिनंदन.	1. əbʰinəndən.
2. परीक्षेत उत्तीर्ण झाल्याबद्दल / साखरपुड्याबद्दल / लग्नाबद्दल अभिनंदन.	2. pərīkṣēt uttīrṇə zʰālyābəddəl / sākʰərpuḍyābəddəl / ləgnābəddəl əbʰinəndən.

5．tondemo nai, kochira koso gomeiwaku o okake shimashita.

5．とんでもない，こちらこそご迷惑をおかけしました。

6．sumimasen.

6．すみません。

7．gomen nasai. daijōbu desu ka？

7．ご免なさい。大丈夫ですか？

8．daijōbu desu. goshinpai naku.

8．大丈夫です。ご心配なく。

9．dōmo mōshiwake gozaimasen.

9．どうも申し訳ございません。

10. senjitsu wa taihen osewa ni nari, arigatō gozaimashita.

10. 先日はたいへんお世話になり，ありがとうございました。

3）お祝い，激励，慰め

3）oiwai, gekirei, nagusame

1．omedetō.

1．おめでとう。

2．gōkaku / kon'yaku / kekkon omedetō.

2．合格／婚約／結婚おめでとう。

3. वाढदिवसाबद्दल अभिनंदन.	3. wāḍʰdiwsābəddəl əbʰinəndən.
4. नव्या वर्षाच्या शुभेच्छा.	4. nəvyā wərṣācā śubʰēccʰā.
5. शाब्बास. फार छान झालं.	5. śābbās. pʰār cʰān zʰālə̄.
6. आपल्याला बाळ झालं असं ऐकलंय. अभिनंदन.	6. āplyālā bāḷ zʰālə̄ əsə̄ əiklə̄y. əbʰinəndən.
7. हिंमत बाळगा. चिकाटी सोडू नका.	7. himmət bāḷgā. cikāṭī sōḍū nəkā.
8. पुढच्या खेपेस चिकाटीने केलं, तर सगळं ठीक होईल.	8. puḍʰcā kʰēpēs cikāṭīnē kēlə̄, tər səgḷə̄ ṭʰīk hōīl.
9. जे काही झालं ते ऐकून फार वाईट वाटलं.	9. zē kāhī zʰālə̄ tē əikūn pʰār wāīṭ wāṭlə̄.
10. लवकरच चांगली बातमी ऐकवा.	10. ləwkərəç çāṅglī bātmī əikwā.

3. otanjōbi omedetō.	3. お誕生日おめでとう。
4. shinnen omedetō gozaimasu.	4. 新年おめでとうございます。
5. yatta ne. yokatta ne.	5. やったね。よかったね。
6. okosan ga oumare da sōde. omedetō gozaimasu.	6. お子さんがお生まれだそうで。おめでとうございます。
7. genki o dashite. ganbatte.	7. 元気を出して。頑張って。
8. kono tsugi ganbareba, daijōbu da yo.	8. この次頑張れば，大丈夫だよ。
9. kono tabi no koto wa taihen okinodoku de gozaimashita.	9. この度のことはたいへんお気の毒でございました。
10. rōhō o kitai shite imasu.	10. 朗報を期待しています。

4) ओळख

4) ōḷək^{h}

1. माझं नाव कातो. मी जपानी आहे.	1. māz^{h}ə nāw kātō. mī jəpānī āhē.
2. आपल्याला भेटून फार आनंद झाला.	2. āplyālā b^{h}ēṭūn p^{h}ār ānənd z^{h}ālā.
3. मी परवा मुंबईला आलो / आले.	3. mī pərwā mumbəīlā ālō / ālē.
4. जवळजवळ तीन आठवडे रहाण्याचा विचार आहे.	4. zəwəḷzəwəḷ tīn āṭ^{h}əwḍē rəhāṇyāçā vicār āhē.
5. यानंतर पुणे आणि औरंगाबादला जाईन.	5. yānəntər puṇē āṇi əurəṅgābādlā zāīn.
6. मी ताज हॉटेलमध्ये उतरलो / उतरले आहे.	6. mī tāj hɔ̄ṭēlməd^{h}yē utərlō / utərlē āhē.
7. मी व्यापारी कंपनीत काम करतो / करते.	7. mī vyāpārī kəmpənīt kām kərtō / kərtē.

4）紹　介

4） shōkai

1． watashi no namae wa katō desu. watashi wa nihonjin desu.	1．私の名前は加藤です。私は日本人です。
2． anata ni oai shite totemo ureshii desu.	2．あなたにお会いしてとても嬉しいです。
3． watashi wa ototoi munbai ni tsukimashita.	3．私は一昨日ムンバイに着きました。
4． sanshūkan hodo taizai suru yotei desu.	4． 3 週間ほど滞在する予定です。
5． kono ato punē to aurangābādo ni ikimasu.	5．このあとプネーとアウランガーバードに行きます。
6． watashi wa tāji hoteru ni tomatte imasu.	6．私はタージ・ホテルに泊まっています。
7． watashi wa bōeki-gaisha ni tsutomete imasu.	7．私は貿易会社に勤めています。

8. मी विद्यार्थी आहे. भारतीय संस्कृतीचा / इतिहासाचा अभ्यास करीत आहे.

8. mī viddyārtʰī āhē. bʰārtīy səw̃skrutīçā / itihāsāçā əbbʰyās kərīt āhē.

9. मी शास्त्रीय नृत्य / शास्त्रीय संगीत शिकतो / शिकते.

9. mī śāstrīy nruttyə / śāstrīy səṅgīt śiktō / śiktē.

10. यानंतरही आपली कृपादृष्टी माझ्यावर असू द्यावी.

10. yānəntərhī āplī krupādruṣṭī mājʰāwər əsū dyāvī.

5) प्रश्न

5) prəśnə

1. अहो, जरा ऐकता का ?

1. əhō, zərā əiktā kā ?

2. आपल्याला काही विचारायचंय.

2. āplyālā kāhī vicārāyçəy.

3. हे काय आहे ?

3. hē kāy āhē ?

4. याला मराठीत काय म्हणतात ?

4. yālā mərāṭʰīt kāy mʰəṇtāt ?

8. watashi wa gakusei desu. indo bunka / rekishi o kenkyū shite imasu.

8. 私は学生です。インド文化／歴史を研究しています。

9. watashi wa koten-buyō / koten-ongaku o naratte imasu.

9. 私は古典舞踊／古典音楽を習っています。

10. kongo tomo yoroshiku onegai itashimasu.

10. 今後ともよろしくお願いいたします。

5）質　問

5）shitsumon

1. anō, chotto sumimasen ga.

1. あのう，ちょっとすみませんが。

2. chotto otazune shitain desu ga.

2. ちょっとお尋ねしたいんですが。

3. kore wa nan desu ka ?

3. これは何ですか？

4. kore wa marātī-go de nan to iimasu ka ?

4. これはマラーティー語で何と言いますか？

5. इथे काय लिहिलं आहे ?	5. it^{h}ē kāy lihilə̄ āhē ?
6. ती व्यक्ती काय म्हणतेय ?	6. tī vyəktī kāy m^{h}əṇtēy ?
7. आं ? आपण काय म्हणालात ?	7. ā̃ ? āpəṇ kāy m^{h}əṇālāt ?
8. काही काम आहे का ?	8. kāhī kām āhē kā ?
9. आपल्याला काय हवंय ?	9. āplyālā kāy həwə̄y ?
10. आपल्याला काय म्हणायचंय ?	10. āplyālā kāy m^{h}əṇāyçə̄y ?
11. आपण कशासाठी आलात ?	11. āpəṇ kəśāsāṭ^{h}ī ālāt ?
12. आपण कोण ?	12. āpəṇ kōṇ ?
13. आपलं कुणाकडे काम आहे ?	13. āplə̄ kuṇākəḍē kām āhē ?

5．koko ni nan to kaite arimasu ka ?

5．ここに何と書いてありますか？

6．ano hito wa nani o itterun desu ka ?

6．あの人は何を言ってるんですか？

7．haa? nan to osshaimashita ka ?

7．はあ？　何とおっしゃいましたか？

8．nanika goyō desu ka ?

8．何かご用ですか？

9．nani ga onozomi nan desu ka ?

9．何がお望みなんですか？

10. nani ga iitain desu ka ?

10. 何が言いたいんですか？

11. nan no tame ni irasshaimashita ka ?

11. 何のためにいらっしゃいましたか？

12. donata desu ka ?

12. どなたですか？

13. dare ni goyō desu ka ?

13. 誰にご用ですか？

14. या बाबतीत मी कुणाला विचारू ?

14. yā bābtīt mī kuṇālā vicārū ?

15. आपल्याला हे कुणी सांगितलं ?

15. āplyālā hē kuṇī sāṅgitlə ?

16. ही कोणती जागा आहे ?

16. hī kōṇtī zāgā āhē ?

17. पोस्ट ऑफिस कुठे आहे ?

17. pōsṭ ɔfis kuṭʰē āhē ?

18. ते कुठे मिळू शकेल ?

18. tē kuṭʰē miḷū śəkēl ?

19. तिकिटाचं आरक्षण कुठे होतं हे आपल्याला माहीत आहे का ?

19. tikiṭāçə ārəkṣəṇ kuṭʰē hōtə hē āplyālā māhīt āhē kā ?

20. आपण कधी आलात ?

20. āpəṇ kədʰī ālāt ?

21. ही बस केव्हा सुटेल ?

21. hī bəs kewʰā suṭēl ?

22. केव्हा कळेल ?

22. kewʰā kəḷēl ?

14. kono ken wa dare ni tazunetara ii no deshō ?

14. この件は誰に尋ねたらいいのでしょう？

15. dare kara sonna koto o kiita no desu ka ?

15. 誰からそんなことを聞いたのですか？

16. koko wa doko desu ka ?

16. ここはどこですか？

17. yūbinkyoku wa doko desu ka ?

17. 郵便局はどこですか？

18. sore wa doko de te ni hairimasu ka ?

18. それはどこで手に入りますか？

19. kippu no yoyaku wa doko de suru ka gozonji desu ka ?

19. 切符の予約はどこでするかご存知ですか？

20. itsu irasshaimashita ka ?

20. いついらっしゃいましたか？

21. kono basu wa itsu shuppatsu shimasu ka ?

21. このバスはいつ出発しますか？

22. itsu ni nattara wakarun desu ka ?

22. いつになったら分かるんですか？

23. अजून किती वेळ वाट पाहायला लावणार आहात ?

23. əzūn kitī wēḷ wāṭ pāhāylā lāwṇār āhāt ?

24. केव्हा तयार होईल ?

24. kew^{h}ā təyār hōīl ?

25. हे कसं आहे ?

25. hē kəsə āhē ?

26. अहो, तुम्हाला काय झालं ?

26. əhō, tum^{h}ālā kāy z^{h}ālə ?

27. माझ्या ऑर्डरचं काय झालं ?

27. māj^{h}ā ɔ̄rḍərçə kāy z^{h}ālə ?

28. हे कसं उघडतात ?

28. hē kəsə ug^{h}əḍtāt ?

29. मला या माणसाशी संपर्क कसा साधता येईल ?

29. məlā yā māṇsāśī səmpərkə kəsā sād^{h}tā yēīl ?

30. तुम्हाला माझ्याकडून काय हवंय ?

30. tum^{h}ālā māj^{h}ākəḍūn kāy həwəy ?

31. तुम्ही कशासाठी हे असं केलंत ?

31. tum^{h}ī kəśāsāṭ^{h}ī he əsə kēlət ?

23. itsu made mataseru tsumori desu ka ?

23. いつまで待たせるつもりですか？

24. itsu goro dekiagarimasu ka ?

24. いつ頃出来あがりますか？

25. kore wa ikaga desu ka ?

25. これはいかがですか？

26. moshi, dō nasaimashita ?

26. もし，どうなさいました？

27. watashi no chūmon wa dō narimashita ka ?

27. 私の注文はどうなりましたか？

28. kore wa dō yatte akerun desu ka ?

28. これはどうやって開けるんですか？

29. dō shitara kono hito ni renraku ga tsukimasu ka ?

29. どうしたらこの人に連絡がつきますか？

30. watashi ni dō shiro to ossharun desu ka ?

30. 私にどうしろとおっしゃるんですか？

31. konna koto o shite, dō yū tsumori nan desu ka ?

31. こんなことをして，どういうつもりなんですか？

32. याची किंमत काय ?	32. yācī kimmət kāy ?
33. आणखी किती द्यायचे ?	33. āṇkʰī kitī dyāyçē ?
34. यांपैकी सर्वात चांगलं कोणतं आहे ?	34. yāmpəikī sərwāt çāṅglə kōṇtə āhē ?
35. यांच्यात कोणतं चांगलं आहे, हे का ते ?	35. yāñcāt kōṇtə çāṅglə āhē, hē kā tē ?
36. कोणतंही चालेल ?	36. kōṇtəhī çālēl ?
37. किती स्टेशनांनंतर ते स्टेशन येईल ? / ते स्टेशन कितवं आहे ?	37. kitī sṭēśnānnəntər tē sṭēśən yēil ? / tē sṭēśən kitwə āhē ?
38. तो किती वेळा आला होता ?	38. tō kitī wēḷā ālā hōtā ?
39. उपाहारगृह कितव्या मजल्यावर आहे ?	39. upāhārgruhə kitvyā məzlyāwər āhē ?
40. उन्हाळ्यात सगळ्यात अधिक तापमान किती डिग्रीपर्यंत जातं ?	40. unʰāḷyāt səgḷyāt ədʰik tāpmān kitī ḍigrīpəryənt zātə ?

32. kore wa ikura desu ka ?	32. これは幾らですか？
33. ato ikura oshiharai surun desu ka ?	33. あと幾らお支払いするんですか？
34. kono naka de ichiban ii no wa dore desu ka ?	34. この中で一番いいのはどれですか？
35. kore to are dewa dochira ga ii desu ka ?	35. これとあれではどちらがいいですか？
36. docchi demo iin desu ka ?	36. どっちでもいいんですか？
37. sono eki wa koko kara nanbanme desu ka ?	37. その駅はここから何番目ですか？
38. sono hito wa nankai kimashita ka ?	38. その人は何回来ましたか？
39. resutoran wa nankai ni arimasu ka ?	39. レストランは何階にありますか？
40. ichiban atsui toki wa nando gurai ni narimasu ka ?	40. 一番暑いときは何度ぐらいになりますか？

6) तारीख आणि वेळ

6) tārīk^h āṇi wēḷ

1. किती वाजले ?	1. kitī wāzlē ?
2. एक वाजला.	2. ēk wāzlā.
3. दोन / तीन / चार वाजले.	3. dōn / tīn / cār wāzlē.
4. दीड वाजला.	4. dīḍ wāzlā.
5. अडीच वाजले.	5. əḍīç wāzlē.
6. साडेतीन / साडेचार / साडेपाच वाजले.	6. sāḍētīn / sāḍēcār / sāḍēpāç wāzlē.
7. पाच वाजून दहा मिनिटं झाली.	7. pāç wāzūn dəhā minṭə z^hālī.
8. सव्वासहा / सव्वासात वाजले.	8. səwwāsəhā / səwwāsāt wāzlē.
9. पावणेआठ / पावणेनऊ वाजले.	9. pāwṇēāṭ^h / pāwṇēnəū wāzlē.

6）日付と時間

6）hizuke to jikan

1. nan-ji desu ka ?	1. 何時ですか？
2. ichi-ji desu.	2. 1時です。
3. ni-ji / san-ji / yo-ji desu.	3. 2時／3時／4時です。
4. ichi-ji han desu.	4. 1時半です。
5. ni-ji han desu.	5. 2時半です。
6. san-ji han / yo-ji han / go-ji han desu.	6. 3時半／4時半／5時半です。
7. go-ji jup-pun desu.	7. 5時10分です。
8. roku-ji jūgo-hun / shichi-ji jūgo-hun desu.	8. 6時15分／7時15分です。
9. hachi-ji jūgo-hun mae / ku-ji jūgo-hun mae desu.	9. 8時15分前／9時15分前です。

10. दहाला पाच मिनिटं कमी आहेत.

10. dəhālā pāç minṭə kəmī āhēt.

11. आज कोणता वार आहे ?

11. āz kōṇtā wār āhē ?

12. आज सोमवार / मंगळवार आहे.

12. āz sōmwār / məṅgəḷwār āhē.

13. आज कोणती तारीख आहे ?

13. āz kōṇtī tārīk^{h} āhē ?

14. आज एक / दोन / तीन / चार तारीख आहे.

14. āz ēk / dōn / tīn / cār tārīk^{h} āhē.

15. आज पंधरा ऑगस्ट आहे. / आज ऑगस्ट महिन्याची पंधरा तारीख आहे.

15. āz pənd^{h}rā ɔ̄gəsṭ āhē. /āz ɔ̄gəsṭ məhinyācī pənd^{h}rā tārīk^{h} āhē.

16. आज वीस सप्टेंबर, बुधवार आहे.

16. āz vīs səpṭēmbər, bud^{h}wār āhē.

17. माझी जन्मतारीख अठ्ठावीस ऑक्टोबर एकोणीसशे ब्याऐंशी आहे.

17. māj^{h}ī jənmətārīk^{h} əṭṭ^{h}āvīs ɔkṭōbər ekōṇīsśē byāəinśī āhē.

10. jū-ji go-hun mae desu.

10. 10時５分前です。

11. kyō wa nan-yōbi desu ka ?

11. 今日は何曜日ですか？

12. kyō wa getsuyōbi / kayōbi desu.

12. 今日は月曜日／火曜日です。

13. kyō wa nan-nichi desu ka?

13. 今日は何日ですか？

14. kyō wa tsuitachi / hutsuka / mikka / yokka desu.

14. 今日は１日／２日／３日／４日です。

15. kyō wa hachi-gatsu jūgo-nichi desu.

15. 今日は８月15日です。

16. kyō wa ku-gatsu hatsuka suiyōbi desu.

16. 今日は９月20日，水曜日です。

17. watashi no tanjōbi wa sen kyūhyaku hachijū ni nen jūgatsu nijū hachi nichi desu.

17. 私の誕生日は1982年10月28日です。

18. ही गाडी किती वाजता सुटेल ?

18. hī gāḍī kitī wāztā suṭēl ?

19. मुंबईला पोचायला आणखी किती तास लागतील ?

19. mumbəīlā pōçāylā āṇkʰī kitī tās lāgtīl ?

20. काल पहाटे / सकाळी / दुपारी / संध्याकाळी / रात्री पाऊस पडला.

20. kāl pəhāṭē / səkāḷī / dupārī / səndʰyākāḷī / rātrī pāūs pəḍlā.

7) स्वीकार आणि नकार

7) svīkār āṇi nəkār

1. ही वस्तू कशी काय वाटते ?

1. hī wəstū kəśī kāy wāṭtē ?

2. चांगली आहे. मला ही द्या.

2. çāṅglī āhē. məlā hī dyā.

3. ती मला आवडली नाही. दुसरी दाखवा.

3. tī məlā āwəḍlī nāhī. dusrī dākʰwā.

4. नको, ती नको.

4. nəkō, tī nəkō.

5. ही विकत घ्यायची इच्छा नाही.

5. hī vikət gʰyāycī iccʰā nāhī.

18. kono ressha wa nan-ji ni hassha shimasu ka ?

18. この列車は何時に発車しますか？

19. munbai made ato nan-jikan kakarimasu ka ?

19. ムンバイまであと何時間かかりますか？

20. kinō no sōchō / asa(gozen) / hiru(gogo) / yūgata / yoru, ame ga hutta.

20. 昨日の早朝／朝(午前)／昼(午後)／夕方／夜，雨が降った。

7）承諾と拒絶

7）shōdaku to kyozetsu

1．kochira no oshina wa ikaga desu ka ?

1．こちらのお品はいかがですか？

2．ii desu ne. sore o kudasai.

2．いいですね。それをください。

3．sore wa ki ni irimasen. hoka no o misete kudasai.

3．それは気に入りません。他のを見せてください。

4．iie. sore wa irimasen.

4．いいえ，それは要りません。

5．sore wa kau tsumori wa arimasen.

5．それは買うつもりはありません。

6. मी सांगितलं ना, नको म्हणून.

6. mī sāṅgitlə nā, nəkō mʰəṇūn.

7. जा जा, उगीच डोकं खाऊ नकोस.

7. zā zā, ugīç ḍōkə kʰāū nəkōs.

8. आज संध्याकाळी आपण येऊ शकाल का ?

8. āz səndʰyākāḷī āpəṇ yēū śəkāl kā ?

9. अवश्य ! मी अवश्य येईन.

9. əwəśśə ! mī əwəśśə yēīn.

10. क्षमा करा, मला येता येणार नाही. जरा दुसरं काम आहे.

10. kṣəmā kərā, məlā yētā yēṇār nāhī. zərā dusrə kām āhē.

8) विनंती आणि इच्छा

8) vinəntī āṇi iccʰā

1. आपल्याला जरा विनंती आहे.

1. āplyālā zərā vinəntī āhē.

2. मी हे पुस्तक थोडे दिवस माझ्याजवळ ठेवलं तर चालेल का ?

2. mī hē pustək tʰōḍē diwəs mājʰāzəwəḷ ṭʰēwlə tər çālēl kā ?

3. मला इथे फोटो काढायचा आहे.

3. məlā itʰē fōṭō kāḍʰāyçā āhē.

6．iranai to itta de sho.	6．要らないと言ったでしょ。
7．yose yo. shitsukoi yo.	7．よせよ。しつこいよ。
8．kon'ya oide itadakemasu ka？	8．今夜おいでいただけますか？
9．mochiron desu. kitto ukagai masu.	9．もちろんです。きっと伺います。
10. gomen nasai. oukagai dekimasen. chotto tsugō ga waruin desu.	10. ご免なさい。お伺いできません。ちょっと都合が悪いんです。

8）依頼と希望

8）irai to kibō

1．chotto onegai ga aru no desu ga.	1．ちょっとお願いがあるのですが。
2．kono hon o shibaraku okari shite mo ii desu ka？	2．この本をしばらくお借りしてもいいですか？
3．koko de shashin o toritai.	3．ここで写真を撮りたい。

4. आपण जरा शटर दाबाल का ?	4. āpəṇ zərā śəṭər dābāl kā ?
5. कुणाला तरी सांगून पाहता का ?	5. kuṇālā tərī sāṅgūn pāhətā kā ?
6. मला एखादं चांगलं फळ खावंसं वाटतंय.	6. məlā ēk^{h}ādə çāṅglə p^{h}əḷ k^{h}āwəsə wāṭṭəy.
7. प्यायला काही तरी थंड देता का ?	7. pyāylā kāhī tərī t^{h}əṇḍ dētā kā ?
8. आत येऊ का ?	8. āt yēū kā ?
9. हे सामान माझ्या खोलीत घेऊन जाता / न्यायला सांगता ?	9. hē sāmān māj^{h}ā k^{h}ōlīt g^{h}ēūn zātā / nyāylā sāṅgtā ?
10. कुणाला तरी लवकर पाठवता ?	10. kuṇālā tərī ləwkər pāṭ^{h}əwtā ?

4．chotto shattā o oshite itadakemasu ka ?

4．ちょっとシャッターを押していただけますか？

5．dareka ni onegai shite mite kuremasen ka ?

5．誰かにお願いしてみてくれませんか？

6．nanika oishii kudamono ga tabetai ne.

6．何か美味しい果物が食べたいね。

7．nanika tsumetai nomimono demo itadakemasu ka ?

7．何か冷たい飲み物でもいただけますか？

8．haittemo ii desu ka ?

8．入ってもいいですか？

9．kono nimotsu o watashi no heya made hakonde hoshii no desu ga / hakobu yōni itte hoshii no desu ga.

9．この荷物を私の部屋まで運んでほしいのですが／運ぶように言ってほしいのですが。

10. dareka suguni yokoshite kuremasen ka ?

10. 誰かすぐに寄越してくれませんか？

9) शक्यता, आवश्यकता, कर्तव्य

9) śəkkyətā, āwəśśəktā, kərtəvvyə

1. माफ करा, मी आपली इच्छा पुरी करू शकत नाही.

1. māp^h kərā, mī āplī icc^hā purī kərū śəkət nāhī.

2. उद्या मी येऊ शकणार नाही.

2. udyā mī yēū śəkṇār nāhī.

3. मी इतकं सगळं खाऊ शकणार नाही.

3. mī itkə̄ səgḷə̄ k^hāū śəkṇār nāhī.

4. आपण माझ्या प्रश्नाचं उत्तर दिलं पाहिजे.

4. āpəṇ māj^hā prəśnāçə̄ uttər dilə̄ pāhijē.

5. मी त्या प्रश्नाचं उत्तर देऊ शकणार नाही.

5. mī tyā prəśnāçə̄ uttər dēū śəkṇār nāhī.

6. उत्तर दिलंच पाहिजे का ?

6. uttər diləç pāhijē kā ?

9）可能，必要，義務

9）kanō, hitsuyō, gimu

1．mōshiwake arimasen ga, anata no gokibō ni wa soikanemasu.

1．申し訳ありませんが，あなたのご希望には添いかねます。

2．ashita wa oukagai dekimasen.

2．明日はお伺いできません。

3．konna ni takusan wa taberaremasen.

3．こんなにたくさんは食べられません。

4．anata wa watashi no shitsumon ni kotaenai to ikemasen.

4．あなたは私の質問に答えないといけません。

5．sono shitsumon ni wa okotae dekimasen.

5．その質問にはお答えできません。

6．dō shite mo okotae shinai to ikemasen ka ?

6．どうしてもお答えしないといけませんか？

7. तीन वाजेपर्यंत मला एअर इंडियाच्या ऑफिसात पोचलं पाहिजे.

7. tīn wāzēpəryənt məlā eər iṇḍiyācā ɔ̄fisāt pōçlə̄ pāhijē.

8. आपण ताबडतोब आपली प्रकृती डॉक्टरला दाखवायला हवी.

8. āpəṇ tābəḍtōb āplī prəkrutī ḍɔ̄kṭərlā dākʰwāylā həvī.

9. आता या वेळी टॅक्सी मिळू शकेल का ?

9. ātā yā wēḷī ṭæksī miḷū śəkēl kā ?

10. हे काम कालच पुरं करायला हवं होतं.

10. hē kām kāləç purə̄ kərāylā həwə̄ hōtə̄.

10) संकेतार्थ आणि अटी

10) səṅkētārtʰə āṇi əṭī

1. उद्या हवा चांगली असली, तर सहलीला जाऊ.

1. udyā həwā çāṅglī əslī, tər səhəlīlā zāū.

2. किंमत आणखी कमी कराल, तर विकत घेता येईल.

2. kimmət āṇkʰī kəmī kərāl, tər vikət gʰētā yēīl.

3. कितीही स्वस्त असलं, तरी मी विकत घेणार नाही.

3. kitīhī swəst əslə̄, tərī mī vikət gʰēṇār nāhī.

7. san-ji made ni indo-kōkū no jimusho ni ikanai to ikenain desu.

7. 3時までにインド航空の事務所に行かないといけないんです。

8. suguni oishasan ni mite morau beki desu.

8. すぐにお医者さんに診てもらうべきです。

9. konna jikan ni takushī ga mitsukarimasu ka ?

9. こんな時間にタクシーが見付かりますか？

10. kono yōji wa kinō no uchi ni sumasete oku beki datta.

10. この用事は昨日のうちに済ませておくべきだった。

10）仮定と条件

10）katei to jōken

1. ashita haretara, pikunikku ni ikimashō.

1. 明日晴れたら，ピクニックに行きましょう。

2. motto yasuku shite kuretara, katte mo iinda kedo naa.

2. もっと安くしてくれたら，買ってもいいんだけどなあ。

3. donna ni yasukute mo, kaimasen yo.

3. どんなに安くても，買いませんよ。

4. असंच राहू दिलं, तर फार धोका आहे.

4. əsəç rāhū dilə, tər p^{h}ār d^{h}ōkā āhē.

5. आपण म्हणता तसं असलं, तरी याच्याशी माझा काही संबंध नाही.

5. āpəṇ m^{h}əṇtā təsə əslə, tərī yācāśī māz^{h}ā kāhī səmbənd^h nāhī.

6. विमान जर उशिरा सुटलं, तर काय करायचं ?

6. vimān zər uśirā suṭlə, tər kāy kərāyçə ?

7. आपली भेट लवकर झाली असती, तर बरं झालं असतं.

7. āplī b^{h}ēṭ ləwkər z^{h}ālī əstī, tər bərə z^{h}ālə əstə.

8. जर कोणी मला आधीच हे सांगितलं असतं, तर मी असं केलं नसतं.

8. zər kōṇī məlā ād^{h}īç hē sāṅgitlə əstə, tər mī əsə kēlə nəstə.

9. पुन्हा येण्याची संधी मिळाली, तर मी जरूर पंढरपूर आणि जेजुरीला जाईन.

9. pun^{h}ā yēṇyācī sənd^{h}ī miḷālī, tər mī zərūr pəṇḍ^{h}ərpūr āṇi jēzurīlā zāīn.

10. आजारी पडलं, तर कष्ट न करणंच उत्तम.

10. āzārī pəḍlə, tər kəṣṭ nə kərṇəç uttəm.

4. kono mama hōtte oitara, totemo kiken desu.

4. このまま放っておいたら，とても危険です。

5. tatoe anata no ossharu tōri de mo, watashi ni wa nanno kankei mo arimasen.

5. たとえあなたのおっしゃる通りでも，私には何の関係もありません。

6. moshi hikōki no shuppatsu ga okuretara, dō shitara ii deshō ?

6. もし飛行機の出発が遅れたら，どうしたらいいでしょう？

7. anata ni motto hayaku aete itara, yokatta noni naa.

7. あなたにもっと早く会えていたら，良かったのになあ。

8. dareka ga maemotte kono koto o oshiete kurete itara, konna koto wa shinakatta noni.

8. 誰かが前もってこのことを教えてくれていたら，こんなことはしなかったのに。

9. mō ichido koretara, kitto pandarupūru to jēzurī ni ikimasu.

9. もう一度来れたら，きっとパンダルプールとジェーズリーに行きます。

10. byōki ni nattara, muri o shinai koto ga ichiban desu.

10. 病気になったら，無理をしないことが一番です。

ब) संभाषणे

bə) səmbʰāṣəṇē

1) आगमन

1) āgəmən

1 – 1. कस्टम्स्च्या ऑफिसरशी

1 – 1. kəsṭəmscā ɔ̄fisərśī

1. इकडे या. किती सामान आहे ?

1. ikḍē yā. kitī sāmān āhē ?

2. फक्त ही सूटकेस आणि बॅग आहे.

2. pʰəktə hī sūṭkēs āṇi bæg āhē.

3. दोन्ही उघडून दाखवा. हे काय आहे ?

3. dōnʰī ugʰḍūn dākʰwā. hē kāy āhē ?

4. हे औषध आहे. मला रोज पोटाचं औषध घ्यावं लागतं.

4. hē əuṣədʰ āhē. məlā rōz pōṭāçə̄ əuṣədʰ gʰyāwə̄ lāgtə̄.

5. काही डिक्लेअर करण्यासारखी वस्तू आहे का ?

5. kāhī ḍikleər kərṇyāsārkʰī wəstū āhē kā ?

B）会　話

B) kaiwa

1）到　着

1）tōchaku

1－1． zeikan no kakarikan to.

1－1． 税関の係官と

1．kochira e dōzo. nimotsu wa doredake arimasu ka ?

1．こちらへどうぞ。荷物はどれだけありますか？

2．kono sūtsukēsu to baggu dake desu.

2．このスーツケースとバッグだけです。

3．ryōhō tomo akete misete kudasai. kore wa nan desu ka ?

3．両方とも開けて見せてください。これは何ですか？

4．sore wa kusuri desu. itsumo igusuri o nonde imasu.

4．それは薬です。いつも胃薬を飲んでいます。

5．nanika shinkoku suru mono wa arimasu ka ?

5．何か申告する物はありますか？

6. नाही, डिक्लेअर करण्यासारखी काहीही वस्तू नाही.	6. nāhī, ḍikleər kərṇyāsārkʰī kāhīhī wəstū nāhī.
7. विदेशी मुद्रा किती आहे ?	7. vidēśī muddrā kitī āhē ?
8. दोन हजार अमेरिकन डॉलर्स आणि जवळजवळ एक लाख जपानी येन.	8. dōn həzār əmērikən ḍōlərs āṇi zəwəḷzəwəḷ ēk lākʰ jəpānī yēn.
9. ठीक आहे. आपण जाऊ शकता.	9. ṭʰīk āhē. āpəṇ zāū śəktā.
10. धन्यवाद.	10. dʰənnyəwād.

1 – 2. मुद्रा विनिमय

1 – 2. muddrā viniməy

1. अमेरिकन डॉलर्स रुपयात बदलून हवे आहेत.	1. əmērikən ḍōlərs rupəyāt bədlūn həwē āhēt.
2. किती डॉलर्स ?	2. kitī ḍōlərs ?
3. दोनशे डॉलर्स.	3. dōnśē ḍōlərs.

6. iie. shinkoku suru mono wa nani mo arimasen.

6. いいえ，申告する物は何もありません。

7. gaika wa ikura motte imasu ka ?

7. 外貨はいくら持っていますか？

8. bei-doru ga nisen-doru to en ga yaku jūman-en desu.

8. 米ドルが2000ドルと円が約10万円です。

9. kekkō desu. tōtte ii desu yo.

9. 結構です。通っていいですよ。

10. dōmo, arigatō.

10. どうも，ありがとう。

1－2. ryōgae

1－2. 両替

1. bei-doru o rupī ni kaetain desu ga.

1. 米ドルをルピーに替えたいんですが。

2. nan-doru desu ka ?

2. 何ドルですか？

3. nihyaku-doru desu.

3. 200ドルです。

4. रोख आहे का प्रवासी चेक ?

4. rōk^{h} āhē kā prəwāsī cēk ?

5. त्यापूर्वी जरा माहिती देता का की प्रत्येकाचा विनिमय दर काय आहे ?

5. tyāpūrvī zərā māhitī dētā kā kī prəttyēkāçā vinimə y dər kāy āhē ?

6. उजवीकडच्या फलकावर लिहिलेला आहे.

6. uzvīkəḍcā p^{h}əlkāwər lihilēlā āhē.

7. ठीक. मग रोख घ्या.

7. ṭ^{h}īk. məg rōk^{h} g^{h}yā.

8. हा फॉर्म भरून सही करा.

8. hā fɔ̄rm b^{h}ərūn səhī kərā.

9. फॉर्म भरला आहे. ठीक आहे ना ?

9. fɔ̄rm b^{h}ərlā āhē. ṭ^{h}īk āhē nā ?

10. हो, ठीक आहे. ही आपली रक्कम. नीट मोजून घ्या.

10. hō, ṭ^{h}īk āhē. hī āplī rəkkəm. nīṭ mōzūn g^{h}yā.

4．genkin desu ka, soretomo tīshī desu ka ?	4．現金ですか，それともT.C.ですか？
5．sono mae ni sorezore no rēto o oshiete kuremasu ka ?	5．その前にそれぞれのレートを教えてくれますか？
6．migi-gawa no hyōji-ban ni kaite arimasu.	6．右側の表示板に書いてあります。
7．naruhodo.　dewa, genkin de onegai shimasu.	7．なるほど。では，現金でお願いします。
8．kono yōshi ni kinyū shite, sain shite kudasai.	8．この用紙に記入して，サインしてください。
9．kinyū shimashita. kore de ii desu ka ?	9．記入しました。これでいいですか？
10. hai, kekkō desu. okane o dōzo. yoku tashikamete kudasai.	10. はい，結構です。お金をどうぞ。よく確かめてください。

1 – 3. घ्यायला आलेल्या माणसाशी

1 – 3. g^{h}yāylā ālēlyā māṇsāśī

1. आपण जपानहून आलेले यामामोतोजी आहात का ?

1. āpəṇ jəpānhūn ālēlē yāmāmōtōjī āhāt kā ?

2. होय. आपण कोण ?

2. hōy. āpəṇ kōṇ ?

3. मी शिवाजी ट्रेडिंग कंपनीचा देशपांडे.

3. mī śiwājī ṭrēḍiṅg kəmpənīçā dēśpāṇḍē.

4. अच्छा, देशपांडेजी का ? नमस्कार. आपल्याला भेटून आनंद झाला.

4. əcc^{h}ā, dēśpāṇḍējī kā ? nəməskār. āplyālā b^{h}ēṭūn ānənd z^{h}ālā.

5. नमस्कार. मलाही फार आनंद झाला. प्रवास कसा काय झाला ? दमला असाल ना ?

5. nəməskār. məlāhī p^{h}ār ānənd z^{h}ālā. prəwās kəsā kāy z^{h}ālā ? dəmlā əsāl nā ?

6. नाही, मुळीच नाही. अगदी ताजातवाना आहे.

6. nāhī, muḷīç nāhī. əgdī tāzātəwānā āhē.

7. आपल्याला इमिग्रेशनमध्ये काही त्रास तर नाही झाला ना ?

7. āplyālā imigrēśənməd^{h}yē kāhī trās tər nāhī z^{h}ālā nā ?

1－3．demukae no hito to

1．anata wa nihon kara irasshatta yamamoto san desu ka ?

2．hai. anata wa donata desu ka ?

3．watashi wa shivājī bōeki no dēshupāndē to mōshimasu.

4．aa, dēshupāndē san desu ka. dōzo yoroshiku.

5．kochira koso. tabi wa ikaga deshita ka ? otsukare deshō ne ?

6．iie, chittomo. totemo genki desu.

7．nyūkoku-tetsuzuki wa mondai arimasen deshita ka ?

1－3．出迎えの人と

1．あなたは日本からいらっしゃった山本さんですか？

2．はい。あなたはどなたですか？

3．私はシヴァージー貿易のデーシュパーンデーと申します。

4．ああ，デーシュパーンデーさんですか。どうぞよろしく。

5．こちらこそ。旅はいかがでしたか？　お疲れでしょうね？

6．いいえ，ちっとも。とても元気です。

7．入国手続きは問題ありませんでしたか？

8 . नाही, काही नाही. अधिकारी चांगला होता.	8 . nāhī, kāhī nāhī. ədʰikārī çāṅglā hōtā.
9 . सामान इतकंच आहे का ? आपली ही बॅग मी घेतो.	9 . sāmān itkə̄ç āhē kā ? āplī hī bæg mī gʰētō.
10. थँक यू. ही घ्या.	10. tʰæṅk yū. hī gʰyā.

1 – 4 . पर्यटन कार्यालयात

1 – 4 . pəryəṭən kāryāləyāt

1 . जरा माहिती हवी आहे.	1 . zərā māhitī həvī āhē.
2 . जरूर. आपल्याला काय हवंय ?	2 . zərūr. āplyālā kāy həwə̄y ?
3 . इथे मुंबईचा नकाशा मिळू शकेल का ?	3 . itʰē mumbəīçā nəkāśā miḷū śəkēl kā ?
4 . हो, मिळेल की.	4 . hō, miḷēl kī.
5 . महाराष्ट्राचाही नकाशा मिळेल का ?	5 . məhārāṣṭrāçāhī nəkāśā miḷēl kā ?

8. hai, daijōbu deshita. kakarikan wa shinsetsu deshita yo.

8. はい，大丈夫でした。係官は親切でしたよ。

9. onimotsu wa kore dake desu ka? sono baggu wa watashi ga mochimashō.

9. お荷物はこれだけですか？そのバッグは私が持ちましょう。

10. dōmo, sumimasen. dewa, onegai shimasu.

10. どうも，すみません。では，お願いします。

1－4. ryokō-annaijo de

1－4. 旅行案内所で

1. chotto oukagai shimasu.

1. ちょっとお伺いします。

2. hai, donna goyō deshō?

2. はい，どんなご用でしょう？

3. kochira ni munbai no chizu wa arimasu ka?

3. こちらにムンバイの地図はありますか？

4. hai, arimasu.

4. はい，あります。

5. mahārāshutora-shū no chizu mo arimasu ka?

5. マハーラーシュトラ州の地図もありますか？

6. सध्या आमच्याकडे नाहीय. शहरातील मुख्य कार्यालयात विचारा.

6. sədʰyā āmcākəḍē nāhīy. śəhərātīl mukkʰyə kāryāləyāt vicārā.

7. मुंबईतील प्रेक्षणीय स्थळं पाहण्यासाठी उत्तम उपाय कोणता ?

7. mumbəītīl prēkṣəṇīy stʰəḷə̄ pāhəṇyāsāṭʰī uttəm upāy kōṇtā ?

8. शहर पाहण्यासाठी शहरदर्शन बसच उत्तम. त्याची ही पुस्तिका घ्या.

8. śəhər pāhəṇyāsāṭʰī śəhərdərśən bəsəç uttəm. tyācī hī pustikā gʰyā.

9. विमानतळाहून शहरात जाण्यासाठी टॅक्सीशिवाय दुसरं साधन नाही का ?

9. vimāntəḷāhūn śəhərāt zāṇyāsāṭʰī ṭæksīśiwāy dusrə̄ sādʰən nāhī kā ?

10. आहे. बससुद्धा आहे. पण टॅक्सी जास्त सोयीची होईल.

10. āhē. bəssuddʰā āhē. pəṇ ṭæksī jāst sōyīcī hōīl.

1 – 5. विमानतळावरील टॅक्सीस्टँड

1 – 5. vimāntəḷāwərīl ṭæksīsṭæṇḍ

1. टॅक्सी हवीय.

1. ṭæksī həvīy.

6. sore wa ima chōdo kirashite imasu. shinai no heddo-ofisu de tazunete kudasai.

6. それは今ちょうど切らしています。市内のヘッド・オフィスで尋ねてください。

7. munbai no meisho o kenbutsu suru ni wa dō suru no ga ichiban ii desu ka ?

7. ムンバイの名所を見物するにはどうするのが一番いいですか？

8. shinai-kenbutsu ni wa kankō-basu ga ichiban desu. kono panhuretto o omochi kudasai.

8. 市内見物には観光バスが一番です。このパンフレットをお持ちください。

9. kūkō kara shinai ni iku ni wa takushī shika arimasen ka ?

9. 空港から市内に行くにはタクシーしかありませんか？

10. iie, basu mo arimasu. demo, yahari takushī no hō ga benri deshō.

10. いいえ，バスもあります。でも，やはりタクシーの方が便利でしょう。

1－5. kūkō no takushī noriba de

1－5. 空港のタクシー乗り場で

1. takushī o yonde kudasai.

1. タクシーを呼んでください。

2. कुठे जायचंय ?	2. kuṭ^{h}ē zāyçəy ?
3. ताज हॉटेल.	3. tāj hɔ̄ṭēl.
4. आपण प्रीपेड कूपन घेतलंय का ?	4. āpəṇ prīpēḍ kūpən g^{h}ētləy kā ?
5. हा काय प्रकार आहे ?	5. hā kāy prəkār āhē ?
6. आपल्याला जिथे जायचंय तिथपर्यंतचं कूपन अगोदरच पैसे भरून घ्यायचं.	6. āplyālā jit^{h}ē zāyçəy tit^{h}pəryəntçə kūpən əgōdərəç pəisē b^{h}ərūn g^{h}yāyçə.
7. का बरं ?	7. kā bərə ?
8. भाड्याविषयी घासाघीस होऊ नये म्हणून ही व्यवस्था आहे.	8. b^{h}āḍyāviṣəyī g^{h}āsāg^{h}īs hōū nəyē m^{h}əṇūn hī vyəwəst^{h}ā āhē.
9. असं. कूपन कुठे मिळेल ?	9. əsə. kūpən kuṭ^{h}ē miḷēl ?
10. त्या काउंटरवर मिळेल.	10. tyā kāuṇṭərwər miḷēl.

2. dochira made ?	2. どちらまで？
3. tāji-hoteru.	3. タージ・ホテル。
4. kūpon wa kaimashita ka ?	4. クーポンは買いましたか？
5. nan desu ka, sore wa ?	5. 何ですか，それは？
6. ikisaki made no kūpon o saki ni kau no desu.	6. 行き先までのクーポンを先に買うのです。
7. dō shite ?	7. どうして？
8. unchin no toraburu ga nai yōni desu.	8. 運賃のトラブルがないようにです。
9. naruhodo. kūpon wa doko de uttemasu ka ?	9. なるほど。クーポンはどこで売ってますか？
10. ano madoguchi desu.	10. あの窓口です。

2) हॉटेल आणि उपाहारगृह

2) hōṭēl āṇi upāhārgruhə

2 – 1. चेक इन	**2 – 1.** cēk in
1. नमस्कार. खोली मिळेल का ?	1. nəməskār. kʰōlī miḷēl kā ?
2. हो, मिळेल ना. सिंगल का डबल?	2. hō, miḷēl nā. siṅgəl kā ḍəbəl ?
3. सिंगल. वातानुकूलित असली, तर जास्त चांगलं. काय भाडं आहे ?	3. siṅgəl. wātānukūlit əslī, tər jāst çāṅglə̄. kāy bʰāḍə̄ āhē ?
4. वातानुकूलित खोलीचं भाडं दोन हजार चारशे रुपये आहे.	4. wātānukūlit kʰōlīçə̄ bʰāḍə̄ dōn həzār cārśē rupəyē āhē.
5. बाथटब आहे का ?	5. bātʰṭəb āhē kā ?
6. बाथटब तर नाही. पण गरम पाणी दिवसभर मिळेल.	6. bātʰṭəb tər nāhī. pəṇ gərəm pāṇī diwəsbʰər miḷēl.

2）ホテルとレストラン

2）hoteru to resutoran

2－1．chekku-in

1．konnichiwa. heya wa aitemasu ka ?

2．hai, aitemasu. shinguru desu ka, soretomo, daburu desu ka ?

3．shinguru de, eakon tsuki no ga iin desu ga, ikura deshō ka ?

4．eakon tsuki wa ni-sen yon-hyaku rupī desu.

5．yokusō wa tsuitemasu ka ?

6．yokusō wa arimasen ga, oyu wa ichi-nichi-jū tsukaemasu.

2－1．チェック・イン

1．こんにちは。部屋は空いてますか？

2．はい，空いています。シングルですか，それとも，ダブルですか？

3．シングルで，エアコン付きがいいんですが，いくらでしょうか？

4．エアコン付きは2400ルピーです。

5．浴槽は付いてますか？

6．浴槽はありませんが，お湯は一日中使えます。

7. खोली अशी हवी की जेथून बाहेरचं सुंदर दृश्य दिसेल आणि हवेशीरही असेल.	7. kʰōlī əśī həvī kī jētʰūn bāhērçā sundər druśśə disēl āṇi həwēśīrhī əsēl.
8. अवश्य. आमच्या हॉटेलच्या प्रत्येक खोलीतून अरबी समुद्र आणि मरीन ड्राइव्ह चांगलं दिसतं.	8. əwəśśə. āmcā hōṭēlcā prəttyēk kʰōlītūn ərbī səmuddrə āṇi mərīn ḍrāivʰ çāṅglə̄ distə̄.
9. असं. बरं तर, मी आपल्या हॉटेलात राहीन.	9. əsə̄. bərə̄ tər, mī āplyā hōṭēlāt rāhīn.
10. धन्यवाद. आधी हा फॉर्म भरून द्या.	10. dʰənnyəwād. ādʰī hā fɔ̄rm bʰərūn dyā.

2 – 2. हॉटेलच्या व्यवस्थापकाबरोबर	**2 – 2.** hōṭēlcā vyəwəstʰāpəkābərōbər
1. नमस्कार, मॅनेजर साहेब.	1. nəməskār, mænējər sāhēb.
2. नमस्कार, ताकाहाशीजी. चांगली झोप लागली ना ?	2. nəməskār, tākāhāśijī. çāṅglī zʰōp lāglī nā ?

7. nagame ga yokute, kazetōshi no yoi heya o kudasai.

7. 眺めが良くて，風通しの良い部屋をください。

8. shōchi shimashita. tō-hoteru de wa dono heya kara mo arabia-kai to marīn-doraibu ga yoku goran ni naremasu.

8. 承知しました。当ホテルではどの部屋からもアラビア海とマリーン・ドライヴがよくご覧になれます。

9. sō desu ka. dewa, osewa ni narimashō.

9. そうですか。では，お世話になりましょう。

10. dōmo arigatō gozaimasu. dewa mazu kono yōshi ni gokinyū kudasai.

10. どうもありがとうございます。ではまずこの用紙にご記入ください。

2－2. hoteru no shihainin to

2－2. ホテルの支配人と

1. ohayō gozaimasu, shihainin san.

1. おはようございます，支配人さん。

2. ohayō gozaimasu, takahashi san. yoku oyasumi ni naremashita ka ?

2. おはようございます，高橋さん。よくお休みになれましたか？

3. हो, झोप चांगली लागली. पण पहाटे घंटेच्या आवाजाने डोळे उघडले.

3. hō, zʰōp çāṅglī lāglī. pəṇ pəhāṭē gʰəṇṭēcā āwāzānē ḍōḷē ugʰəḍlē.

4. होय, तो पहाटेच्या पूजेचा घंटानाद आहे. इथे हॉटेलच्या जवळच एक प्रसिद्ध हिंदू मंदिर आहे.

4. hōy, tō pəhāṭēcā pūjēçā gʰəṇṭānād āhē. itʰē hɔ̄ṭēlcā zəwəḷəç ēk prəsiddʰ hindū məndir āhē.

5. असं, तर मग मला ते जरूर पाहायचंय.

5. əsə̄, tər məg məlā tē zərūr pāhāyçə̄y.

6. अवश्य पाहा. हरकत नसेल, तर मी आपल्याला ते मंदिर दाखवीन.

6. əwəśśə pāhā. hərkət nəsēl, tər mī āplyālā tē məndir dākʰwīn.

7. वाह ! अवश्य दाखवा. आणि हे बघा, माझ्या खोलीतला संडास बरोबर नाही.

7. wāh ! əwəśśə dākʰwā. āṇi hē bəgʰā, mājʰā kʰōlītlā səṇḍās bərōbər nāhī.

8. असं होय ? तावडतोब दुरुस्त करायला सांगतो. आज आपण कुठे जाणार आहात ?

8. əsə̄ hōy ? tābəḍtōb durust kərāylā sāṅgtō. āz āpəṇ kuṭʰē zānār āhāt ?

3．hai, yoku nemuremashita ga, akegata ni kane no oto ga shite me ga samete shimaimashita.	3．はい，良く眠れましたが，明け方に鐘の音がして目が覚めてしまいました。
4．aa, are wa asa no oinori no kane no oto desu. kono chikaku ni yūmeina hindū-jiin ga arimasu.	4．ああ，あれは朝のお祈りの鐘の音です。この近くに有名なヒンドゥー寺院があります。
5．sō desu ka. sore wa zehi mite mitai desu ne.	5．そうですか。それはぜひ見てみたいですね。
6．zehi goran ni natte kudasai. yoroshikereba, goannai shimasu yo.	6．ぜひご覧になってください。よろしければ，ご案内しますよ。
7．sō desu ka. zehi onegai shimasu. tokorode, toire no chōshi ga yoku nai no desu ga.	7．そうですか。ぜひお願いします。ところで，トイレの調子が良くないのですが。
8．sō desu ka. sugu ni shūri sasete okimasu. kyō wa dochira e odekake desu ka ?	8．そうですか。すぐに修理させておきます。今日はどちらへお出かけですか？

9. आज मी संग्रहालय बघायला जाणार आहे.

9. āz mī səṅgrəhāləy bəg^hāylā zāṇār āhē.

10. असं. मग त्याच्याजवळच एक जुनी मशीद आहे. तीपण अवश्य बघा.

10. əsə̄. məg tyācāzəwəḷəç ēk zunī məśīd āhē. tīpəṇ əwəśśə bəg^hā.

2 – 3. उपाहारगृहात

2 – 3. upāhārgruhāt

1. या. किती जण आहात ?

1. yā. kitī zəṇ āhāt ?

2. तिघे जण आहोत. कूलरच्या जवळची जागा असली, तर बरं.

2. tig^hē zəṇ āhōt. kūlərcā zəwəḷcī zāgā əslī, tər bərə̄.

3. ठीक आहे. या जागेवर बसा.

3. ṭ^hīk āhē. yā zāgēwər bəsā.

4. आज खास काय आहे ?

4. āz k^hās kāy āhē ?

5. आज पापलेट चांगला आहे. इथला तंदूर पापलेट प्रसिद्ध आहे.

5. āz pāplēṭ çāṅglā āhē. it^hlā təndūr pāplēṭ prəsidd^h āhē.

9. kyō wa hakubutsukan o mini iku yotei desu.

9. 今日は博物館を見に行く予定です。

10. sō desu ka. sore nara, sugu chikaku ni hurui isuramu jiin mo arimasu kara, zehi goran nasai.

10. そうですか。それなら，すぐ近くに古いイスラム寺院もありますから，ぜひご覧なさい。

2－3. resutoran de

2－3. レストランで

1. irasshai mase. nanmeisama deshō ka ?

1. いらっしゃいませ。何名様でしょうか？

2. sannin desu. suzushii seki o kudasai.

2. 3人です。涼しい席をください。

3. kashikomarimashita. kochira e dōzo.

3. 畏まりました。こちらへどうぞ。

4. kyō no osusume wa nan desu ka ?

4. 今日のお勧めは何ですか？

5. kyō wa ii managatsuo ga arimasu. tōten no guriru wa hyōban desu.

5. 今日はいいマナガツオがあります。当店のグリルは評判です。

6. तर मग एक तंदूर पापलेट द्या. भाजी काय काय आहे ?

6. tər məg ēk təndūr pāplēṭ dyā. bʰāji kāy kāy āhē ?

7. फुलकोबी, वांगी, भेंडी, पालकपनीर, आलूमटर.

7. pʰulkōbī, wāṅgī, bʰēṇḍī, pāləkpənīr, ālūməṭər.

8. असं, तर मग एक फुलकोबी आणि एक पालकपनीर द्या. एक मटन आणि एक कोंबडीपण द्या. आणि तीन रोटी.

8. əsə̄, tər məg ēk pʰulkōbī āṇi ēk pāləkpənīr dyā. ēk məṭən āṇi ēk kōmbḍīpəṇ dyā. āṇi tīn rōṭī.

9. प्यायला काही ?

9. pyāylā kāhī ?

10. बियर द्या. अगदी थंड किंग फिशर असली, तर उत्तम.

10. biyər dyā. əgdī tʰəṇḍ kiṅg fiśər əslī, tər uttəm.

2 – 4. कॉफी हाऊसमध्ये

2 – 4. kɔ̄fī hāūsmədʰyē

1. काय घेऊ या ?

1. kāy gʰēū yā ?

6. sore ja, managatsuo no guriru o hitosara. yasai ryōri ni wa nani ga arimasu ka ?

6. それじゃ，マナガツオのグリルを１皿。野菜料理には何がありますか？

7. karihurawā, nasu, okura, hōrensō-chīzu, poteto-gurīn-pīsu nado ga gozaimasu.

7. カリフラワー，茄子，オクラ，ほうれんそうチーズ，ポテトグリーンピースなどがございます。

8. sore ja, karihurawā to hōrensō-chīzu o hitosara zutsu. maton to chikin mo hitosara zutsu. sore kara, rōtī sanmai.

8. それじゃ，カリフラワーとほうれんそうチーズを１皿ずつ。マトンとチキンも１皿ずつ。それから，ローティー３枚。

9. onomimono wa ikaga deshō ka ?

9. お飲み物はいかがでしょうか？

10. bīru o kudasai. yoku hieta kingu-fisshā ga ii desu ne.

10. ビールをください。よく冷えたキング・フィッシャーがいいですね。

2－4. kissaten de

2－4. 喫茶店で

1. nani ni shimashō ka ?

1. 何にしましょうか？

2. हं..., मी चहाला कंटाळून गेलाय / गेलेय. कॉफी घेईन.

2. hə̃..., mī cəhālā kənṭāḷūn gēlōy / gēlēy. kɔ̄fī g^{h}ēīn.

3. मी चहा घेतो / घेते. केक वगैरे काही घेऊ या का ?

3. mī cəhā g^{h}ētō / g^{h}ētē. kēk wəgəirē kāhī g^{h}ēū yā kā ?

4. घेऊ या ना. लेमन केक असेल, तर घ्यायला हरकत नाही.

4. g^{h}ēū yā nā. lēmən kēk əsēl, tər g^{h}yāylā hərkət nāhī.

5. वेटर, एक कॉफी, एक चहा, एक लेमन केक आणि एक चॉकलेट केक द्या.

5. wēṭər, ēk kɔ̄fī, ēk cəhā, ēk lēmən kēk āṇi ēk cɔ̄klēṭ kēk dyā.

6. इथली कॉफी खूप स्वादिष्ट आहे. आणि हा लेमन केकही चांगला आहे.

6. it^{h}lī kɔ̄fī k^{h}ūp swādiṣṭə āhē. āṇi hā lēmən kēkhī çāṅglā āhē.

7. या दुकानातली कॉफी प्रसिद्ध आहे.

7. yā dukānātlī kɔ̄fī prəsidd^h āhē.

8. हो का ? म्हणूनच इथे गर्दी आहे. चला आता. निघू या.

8. hō kā ? m^{h}əṇūnəç it^{h}ē gərdī āhē. çəlā ātā. nig^{h}ū yā.

2. sō desu ne..., ocha wa nomiakita kara, watashi wa kōhī ni shimasu.

2. そうですね…，お茶は飲み飽きたから，私はコーヒーにします。

3. watashi wa kōcha ni shimasu. kēki ka nanika torimashō ka ?

3. 私は紅茶にします。ケーキか何か取りましょうか？

4. ii desu ne. remon-kēki ga areba, itadakimashō.

4. いいですね。レモンケーキがあれば，いただきましょう。

5. ueitā san, kōhī to ocha to remon-kēki to chokorēto-kēki o hitotsu zutsu kudasai.

5. ウェイターさん，コーヒーとお茶とレモンケーキとチョコレートケーキを１つずつください。

6. kono kōhī wa totemo oishii desu ne. sore ni kono remon-kēki mo nakanaka ikemasu.

6. このコーヒーはとても美味しいですね。それにこのレモンケーキもなかなかいけます。

7. kono mise no kōhī wa yūmeinan desu.

7. この店のコーヒーは有名なんです。

8. sō desu ka. dōri de konderu wake desu. sate, sorosoro ikimashō ka.

8. そうですか。道理で混んでる訳です。さて，そろそろいきましょうか。

9. हो. वेटर, बिल आणा.

9. hō, wēṭər, bil āṇā.

10. एकूण पस्तीस रुपये चाळीस पैसे झाले आहेत. तर मग टिप धरून चाळीस रुपये देऊ या.

10. ēkūṇ pəstīs rupəyē cāḷīs pəisē zʰālē āhēt. tər məg ṭip dʰərūn cāḷīs rupəyē dēū yā.

2 – 5. हॉटेल सोडताना

2 – 5. hɔ̄ṭēl sōḍtānā

1. मी आता निघणार आहे. हिशेब कराल ?

1. mī ātā nigʰṇār āhē. hiśēb kərāl ?

2. हे आपलं बिल. पाहून घ्या हं.

2. hē āplə̄ bil. pāhūn gʰyā hə̃.

3. हे काय आहे ?

3. hē kāy āhē ?

4. हे फोनचं बिल आहे. तीन शहरातले आणि दोन बाहेरगावचे. ठीक आहे ना ?

4. hē fōnçə̄ bil āhē. tīn śəhərātlē āṇi dōn bāhērgāwçē. ṭʰīk āhē nā ?

5. हो, ठीक आहे.

5. hō, ṭʰīk āhē.

9. sō desu ne. ueitā san, okanjō o onegai shimasu.

9. そうですね。ウェイターさん，お勘定をお願いします。

10. zenbu de sanjūgo rupī yonjup-paisa desu ka. sore ja, chippu o irete yonjū rupī agemashō

10. 全部で35ルピー40パイサですか。それじゃ，チップをいれて40ルピー上げましょう。

2－5. chekku-auto

2－5. チェック・アウト

1. chekku-auto shimasu no de, okanjō o onegai shimasu.

1. チェック・アウトしますので，お勘定をお願いします。

2. okyakusama no seikyūsho wa kore desu. goran kudasai.

2. お客様の請求書はこれです。ご覧ください。

3. kore wa nan desu ka ?

3. これは何ですか？

4. sore wa denwaryō desu. shinai-tsūwa ga sankai to shigai-tsūwa ga nikai to natte imasu. yoroshū gozaimasu ka ?

4. それは電話料です。市内通話が3回と市外通話が2回となっています。よろしゅうございますか？

5. hai, kekkō desu.

5. はい，結構です。

6 . आपण क्रेडिट कार्ड देणार ना ?

6 . āpəṇ kreḍiṭ kārḍ dēṇār nā ?

7 . हो, हे घ्या.

7 . hō, hē gʰyā.

8 . हा फॉर्म भरा. इथे सही करा.

8 . hā fɔ̄rm bʰərā. itʰē səhī kərā.

9 . ठीक आहे ना ?

9 . ṭʰīk āhē nā ?

10. हो, धन्यवाद. पुन्हा आलात, तर आमच्याच हॉटेलात उतरा.

10. hō, dʰənnyəwād. punʰā ālāt, tər āmcāç hɔ̄ṭēlāt utrā.

3) वाहने

3) wāhənē

3 − 1 . मुंबईची टॅक्सी

3 − 1 . mumbəīcī ṭæksī

1 . जुहूला जायचंय.

1 . juhūlā zāyçə̄y.

2 . बसा.

2 . bəsā.

6．oshiharai wa kurejitto-kādo deshita ne ?

6．お支払いはクレジット・カードでしたね？

7．hai, dōzo.

7．はい，どうぞ。

8．kono shorui ni kinyū shite kudasai. sain wa kochira desu.

8．この書類に記入してください。サインはこちらです。

9．kore de yoroshii desu ka ?

9．これでよろしいですか？

10. hai, dōmo arigatō gozaimashita. mata okoshi no sai wa tō-hoteru o goriyō kudasai mase.

10. はい，どうもありがとうございました。またお越しの際は当ホテルをご利用くださいませ。

3）乗り物

3）norimono

3－1．munbai no takushī

3－1．ムンバイのタクシー

1．juhū made ikitain da kedo.

1．ジュフーまで行きたいんだけど。

2．aa, ii yo.

2．ああ，いいよ。

3. मीटर टाका.	3. mīṭər ṭākā.
4. काळजी करू नका, टाकतो.	4. kāḷjī kərū nəkā, ṭākto.
5. इथला देखावा सुंदर आहे.	5. it^{h}lā dēk^{h}āwā sundər āhē.
6. हो ना ! समुद्र किनारा आहे. रस्ताही मस्त. ते प्रसिद्ध हाजी अली आहे.	6. hō nā ! səmuddrə kinārā āhē. rəstāhī məstə. tē prəsidd^{h} hājī əlī āhē.
7. हा पूल तर खूपच लांब आहे.	7. hā pūl tər k^{h}ūpəç lāmb āhē.
8. आपण माहीमची खाडी ओलांडत आहोत. इथे नेहमीच वाहनांची गर्दी होते, पण याशिवाय दुसरा रस्ता नाही. नाइलाज आहे.	8. āpəṇ māhīmcī k^{h}āḍī ōlāṇḍət āhōt. it^{h}ē nēhemīç wāhənāñcī gərdī hōtē. pəṇ yāśiwāy dusrā rəstā nāhī. nāilāz āhē.
9. तिकडे पामग्रोव्ह हॉटेलच्या जरा पुढे थांबवा. किती झाले ?	9. tikḍē pāmgrōv^{h} hōṭēlcā zərā puḍ^{h}ē t^{h}āmbwā. kitī z^{h}ālē ?
10. पंचाऐंशी रुपये.	10. pəñcāəinśī rupəyē.

3．mētā de tanomu yo.

3．メーターで頼むよ。

4．shinpai shinasan na.

4．心配しなさんな。

5．kono atari wa ii nagame da ne.

5．この辺りはいい眺めだね。

6．aa, umizoi de, michi mo saikō. are ga yūmei na haji-ari da yo.

6．ああ，海沿いで，道も最高。あれが有名なハジ・アリだよ。

7．kono hashi wa zuibun nagai ne.

7．この橋は随分長いね。

8．māhīmu unga o watatteru tokoro sa. kono hen wa yoku jūtai surunda ga, kore shika michi ga nai kara, shikata ga nai.

8．マーヒーム運河を渡ってるところさ。この辺はよく渋滞するんだが，これしか道がないから，仕方がない。

9．asoko no pāmu-gurōbu-hoteru no saki de tomete. ikura ?

9．あそこのパーム・グローブ・ホテルの先で止めて。いくら？

10. hachijūgo rupī.

10. 85ルピー。

3 – 2. ऑटो रिक्षात बसताना	**3 – 2.** ɔ̄ṭō rikṣāt bəstānā
1. कुठे जायचंय ?	1. kuṭ^{h}ē zāyçəy ?
2. दादर.	2. dādər.
3. दादरपर्यंत जाऊ शकत नाही. ऑटो रिक्षा फक्त सायनपर्यंत जाऊ शकते. तसा नियम आहे.	3. dādərpəryənt zāū śəkət nāhī. ɔ̄ṭō rikṣā p^{h}əktə sāyənpəryənt zāū śəktē. təsā niyəm āhē.
4. तर मग काय करू ?	4. tər məg kāy kərū ?
5. काही काळजी करू नका. मी व्यवस्था करतो. सायनला टॅक्सीत बसवून देतो.	5. kāhī kāḷjī kərū nəkā. mī vyəwəst^{h}ā kərtō. sāyənlā ṭæksīt bəswūn dētō.
6. मग हरकत नाही. पण हा रस्ता फार वाईट आहे. खूप खड्डे आहेत.	6. məg hərkət nāhī. pəṇ hā rəstā p^{h}ār wāīṭ āhē. k^{h}ūp k^{h}əḍḍē āhēt.
7. सुरूवातीपासून असाच आहे. पावसाळ्यात तर हाल काही विचारू नका.	7. surūwātīpāsūn əsāç āhē. pāwsāḷyāt tər hāl kāhī vicārū nəkā.

3－2．ōto-rikisha ni noru

3－2．オート・リキシャに乗る

1．doko e ikun dai ?

1．どこへ行くんだい？

2．dādaru.

2．ダーダル。

3．dādaru made wa murida na. ōto-rikisha wa sāyan made shika ikenai kisoku nanda.

3．ダーダルまでは無理だな。オート・リキシャはサーヤンまでしか行けない規則なんだ。

4．ja, dō shiyō.

4．じゃ，どうしよう。

5．daijōbu, makashitoki na. sāyan de takushī ni nokkete yaru yo.

5．大丈夫，任しときな。サーヤンでタクシーに乗っけてやるよ。

6．sore wa arigatai. shikashi, kono michi wa hidoi na. dekoboko darake da.

6．それはありがたい。しかし，この道はひどいな。デコボコだらけだ。

7．mukashi kara konna mon sa. uki ni nattara motto hidē ya.

7．昔からこんなもんさ。雨期になったらもっとひでえや。

8. सायन आल्यासारखं वाटतं.	8. sāyən ālyāsārk^{h}ə wāṭtə.
9. हो, हे सायन सर्कल आहे. ती टॅक्सी रिकामी आहे. तिला विचारतो.	9. hō, hē sāyən sərkəl āhē. tī ṭæksī rikāmī āhē. tilā vicārtō.
10. हो, विचारा.	10. hō, vicārā.

3 – 3. नागपूरचा सायकल रिक्षा　**3 – 3.** nāgpūrçā sāykəl rikṣā

1. खाली आहे का ?	1. k^{h}ālī āhē kā ?
2. हो, कुठे जायचंय ?	2. hō, kuṭ^{h}ē zāyçəy ?
3. नागपूर विद्यापीठ. किती घ्याल ?	3. nāgpūr viddyāpīṭ^{h}. kitī g^{h}yāl ?
4. पंधरा रुपये.	4. pənd^{h}rā rupəyē.
5. पंधरा ? फार जास्त आहे. फार तर दहा रुपये देईन.	5. pənd^{h}rā ? p^{h}ār jāst āhē. p^{h}ār tər dəhā rupəyē dēīn.

8. sorosoro sāyan mitai da na.

8. そろそろサーヤンみたいだな。

9. aa, sāyan no kōsaten da.
ano takushī ga aite iru kara,
kiite yarō.

9. ああ，サーヤンの交差点だ。
あのタクシーが空いているから，
訊いてやろう。

10. aa, tanomu yo.

10. ああ，頼むよ。

3－3. nāgupūru no saikuru-rikisha

3－3. ナーグプールのサイクル・リキシャ

1. aiteru kai ?

1. 空いてるかい？

2. aa, doko made ?

2. ああ，どこまで？

3. nāgupūru daigaku.
ikura ?

3. ナーグプール大学。いくら？

4. jūgo rupī da na.

4. 15ルピーだな。

5. jūgo rupī ? sore wa takai na. seizei jū rupī gurai darō ?

5. 15ルピー？　それは高いな。
せいぜい10ルピーぐらいだろう？

6. नाही जमणार. इथून दूर आहे. मधली चढणपण खूप त्रासदायक आहे. जाता जाता कळेल.

6. nāhī zəmṇār. it^{h}ūn dūr āhē. məd^{h}lī çəḍ^{h}əṇpəṇ k^{h}ūp trāsdāyək āhē. zātā zātā kəḷēl.

7. बरं, चला.

7. bərə̄, çəlā.

8. इथे सहलीसाठी आलात का ?

8. it^{h}ē səhəlīsāṭ^{h}ī ālāt kā ?

9. हो. तो पुतळा कुणाचा आहे ?

9. hō. tō putḷā kuṇāçā āhē ?

10. बाबासाहेब आंबेडकरांचा. या शहरात त्यांचे खूप पुतळे आहेत.

10. bābāsāhēb ambēḍkərāñçā. yā śəhərāt tyāñçē k^{h}ūp putḷē āhēt.

3 – 4. बसचा प्रवास

3 – 4. bəsçā prəwās

1. ही बस कुठे जाते ?

1. hī bəs kuṭ^{h}ē zātē ?

2. नरीमन पॉइंट.

2. nərīmən pɔ̄inṭ.

3. गिरगावमार्गे जाईल का ?

3. girgāwmārgē zāīl kā ?

6. dame da ne. koko kara da to tōi shi, tochū no saka ga taihen nan da. notterya wakaru.

6. だめだね。ここからだと遠いし，途中の坂が大変なんだ。乗ってりゃ分かる。

7. ja, ii darō.

7. じゃ，いいだろう。

8. kono machi ni wa kenbutsu de kita no kai ?

8. この町には見物で来たのかい？

9. sō. tokorode, ano dōzō wa dare no zō dai ?

9. そう。ところで，あの銅像は誰の像だい？

10. bābāsāhebu-anbēdokaru da. kono machi ni wa ano hito no zō ga takusan tatteru.

10. バーバーサーヘブ・アンベードカルだ。この町にはあの人の像がたくさん立ってる。

3－4. basu ni noru

3－4. バスに乗る

1. kono basu wa doko yuki ?

1. このバスはどこ行き？

2. narīman-pointo yuki da yo.

2. ナリーマン・ポイント行きだよ。

3. girugaumu wa tōru kai ?

3. ギルガウムは通るかい？

4. गिरगावच्या जवळ तर जाईल. आपल्याला कुठे जायचंय ?	4. girgāwcā zəwəḷ tər zāīl. āplyālā kuṭ^{h}ē zāyçə̄y ?
5. राजा राममोहन मार्ग.	5. rājā rāmmōhən mārgə.
6. अच्छा, मग ऑपेरा हाऊसपर्यंत जाऊन नंतर पायी जा.	6. əcc^{h}ā, məg ɔ̄pērā hāūspəryənt zāūn nəntər pāyī zā.
7. मग ऑपेरा हाऊसचं तिकीट द्या.	7. məg ɔ̄pērā hāūsçə̄ tikīṭ dyā.
8. साडेचार रुपये.	8. sāḍēcār rupəyē.
9. माझ्याजवळ वीसचीच नोट आहे.	9. māj^{h}āzəwəḷ vīscīç nōṭ āhē.
10. मग उरलेले नंतर घ्या. माझ्याजवळही सुटे नाहीत.	10. məg urlēlē nəntər g^{h}yā. māj^{h}āzəwəḷhī suṭē nāhīt.

3 − 5. मुंबईची लोकल गाडी | **3 − 5.** mumbəīcī lōkəl gāḍī

1. हे कोणतं स्टेशन आहे ?	1. hē kōṇtə̄ sṭēśən āhē ?

4. chikaku made nara iku kedo, anta wa doko e ikun dai?

4. 近くまでなら行くけど，あんたはどこへ行くんだい？

5. rājā rāmumōhan dōri.

5. ラージャー・ラームモーハン通り。

6. sōkai, son nara opera-hausu made itte, ato wa arukeba ii.

6. そうかい，そんならオペラ・ハウスまで行って，あとは歩けばいい。

7. ja, opera-hausu made ichimai.

7. じゃ，オペラ・ハウスまで1枚。

8. yon rupī gojup-paisa.

8. 4ルピー50パイサ。

9. nijū rupī satsu shika nain da kedo.

9. 20ルピー札しかないんだけど。

10. ja, otsuri wa ato de. kocchi mo kozeni ga nain da.

10. じゃ，お釣りは後で。こっちも小銭がないんだ。

3－5. munbai no rōkaru densha

3－5. ムンバイのローカル電車

1. koko wa nani eki kana?

1. ここは何駅かな？

2. माटुंगा. आपण कुठे जाणार ?	2. māṭuṅgā. āpəṇ kuṭʰē zāṇār ?
3. विले पार्ले.	3. vilē pārlē.
4. आपला देश कोणता ?	4. āplā dēś kōṇtā ?
5. जपान.	5. jəpān.
6. मुंबईची लोकल कशी वाटते ? जपानमध्येही अशीच गर्दी असते का ?	6. mumbəicī lōkəl kəśī wāṭṭē ? jəpānmədʰyēhī əśīç gərdī əstē kā ?
7. हो, जपानमध्येही सकाळ – संध्याकाळ खूप गर्दी असते. पण इथे तिथल्यापेक्षा जास्त आहे.	7. hō, jəpānmədʰyēhī səkāḷ səndʰyākāḷ kʰūp gərdī əstē. pəṇ itʰē titʰlyāpēkṣā jāst āhē.
8. असं ? या लाइनवर माहीमपर्यंत सर्वात जास्त गर्दी असते. माहीमनंतर गर्दी कमी होते.	8. əsə̄ ? yā lāinwər māhīmpəryənt sərwāt jāst gərdī əstē. māhīmnəntər gərdī kəmī hōtē.
9. तरीपण उतरण्यासाठी एक स्टेशन अगोदरच दाराजवळ जायला हवं. नाही तर उतरणं कठीण होईल.	9. tərīpəṇ utərṇyāsāṭʰī ēk sṭēśən əgōdərəç dārāzəwəḷ zāylā həwə̄. nāhī tər utərṇə̄ kəṭʰīṇ hōil.

2. mātungā da yo. anta wa doko made ikun dai?

2. マートゥンガーだよ。あんたはどこまで行くんだい？

3. vire pārurē made.

3. ヴィレ・パールレーまで。

4. anta, doko no kuni no hito?

4. あんた，どこの国の人？

5. nihon da yo.

5. 日本だよ。

6. munbai no densha wa dō dai? nihon de mo konna ni komu kai?

6. ムンバイの電車はどうだい？日本でもこんなに混むかい？

7. aa, nihon de mo asayū wa hidoku komu kedo, munbai no hō ga sugoi ne.

7. ああ，日本でも朝夕はひどく混むけど，ムンバイの方がすごいね。

8. sō kai. kono rosen ja, māhīmu made ga ichiban komun da na. sono ato wa sukoshi mashi ni naru.

8. そうかい。この路線じゃ，マーヒームまでが一番混むんだな。その後は少しましになる。

9. sore demo, oriru toki ni wa hitoeki mae kara deguchi ni chikazuite okanai to, oriru no ga taihen da yo.

9. それでも，降りる時には一駅前から出口に近づいておかないと，降りるのが大変だよ。

10. हो, ते खरं आहे.

10. hō, tē kʰərə̄ āhē.

4) खरेदी

4) kʰərēdī

4 – 1. भेटवस्तू विकत घेणे

4 – 1. bʰēṭwəstū vikət gʰēṇē

1. भेटवस्तू विकत घेण्यासाठी एखाद्या चांगल्या एंपोरियमला जायचंय.

1. bʰēṭwəstū vikət gʰēṇyāsāṭʰī ēkʰādyā çāṅglyā empōriyəmlā zāyçə̄y.

2. इथे मुंबईत प्रत्येक प्रांताचं एंपोरियम आहे. परंतु ती सगळी दिल्लीप्रमाणे एका ठिकाणी नाहीत.

2. itʰē mumbəīt prəttyēk prāntāçə̄ empōriyəm āhē. pərəntu tī səgḷī dillīprəmāṇē ēkā ṭʰikāṇī nāhīt.

3. इथे जवळपास कोणतं एंपोरियम चांगलं आहे ?

3. itʰē zəwəḷpās kōṇtə̄ empōriyəm çāṅglə̄ āhē ?

4. हुतात्मा चौकाच्या थोडं पुढे खादी एंपोरियम आहे. तिथे जाऊ या का ?

4. hutātmā çəukācā tʰōḍə̄ puḍʰē kʰādī empōriyəm āhē. titʰē zāū yā kā ?

5. हे बरंच मोठं दुकान आहे.

5. hē bərə̄ç mōṭʰə̄ dukān āhē.

10. sō, sore wa ieteru.

10. そう，それは言えてる。

4）買い物

4）kaimono

4－1. miyagemono o kau

4－1. 土産物を買う

1. miyagemono o kau no ni dokoka ii enpōriyamu ni ikitain desu ga.

1. 土産物を買うのにどこかいいエンポーリヤムに行きたいんですが。

2. munbai ni wa kakushū no enpōriyamu ga arimasu ga, derī no yō ni ikkasho ni wa matomatte nain desu.

2. ムンバイには各州のエンポーリヤムがありますが，デリーのように一ヵ所には纏まってないんです。

3. kono chikaku nara doko ga ii desu ka ?

3. この近くならどこがいいですか？

4. hutātomā tsauku no chotto saki ni kādī enpōriyamu ga arimasu. asoko e ikimashō ka ?

4. フタートマー・ツァウクのちょっと先にカーディー・エンポーリヤムがあります。あそこへ行きましょうか？

5. kore wa nakanaka ōkii mise desu ne.

5. これはなかなか大きい店ですね。

6. हो, इथे वेगवेगळ्या वस्तू मिळतात.

6. hō, it^{h}ē wēgwēg!yā wəstū miḷtāt.

7. मला चादर आणि टेबलक्लॉथ विकत घ्यायचे आहेत.

7. məlā çādər āṇi ṭēbəlklōt^{h} vikət g^{h}yāyçē āhēt.

8. ह्या वस्तू पलीकडच्या काउंटरवर मिळतील.

8. hyā wəstū pəlīkəḍcā kāuṇṭərwər miḷtīl.

9. त्याशिवाय चिटाचा कमीज आणि लांब स्कर्ट पण बघायचे आहेत. परंतु आरसेकाम केलेले हे अभ्रे पण छान दिसतायेत. आधी जरा हे पाहू या.

9. tyāśiwāy ciṭāçā kəmīz āṇi lāmb skərṭ pəṇ bəg^{h}āyçē āhēt. pərəntu ārsēkām kēlēlē hē əbb^{h}rē pəṇ c^{h}ān distāyēt. ād^{h}ī zərā hē pāhū yā.

10. आज खरेदीला बराच वेळ लागेल असं दिसतंय.

10. āz k^{h}ərēdīlā bərāç wēḷ lāgēl əsə̄ distə̄y.

4 – 2. विविध वस्तू भांडारात

4 – 2. vivid^{h} wəstū b^{h}āṇḍārāt

1. कपडे धुण्याचा साबण आहे का ?

1. kəpḍē d^{h}uṇyāçā sābəṇ āhē kā ?

6．hai, ironna shinamono ga sorotte imasu yo.

6．はい，いろんな品物がそろっていますよ。

7．watashi wa beddo-kabā to tēburu-kurosu ga kaitain desu.

7．私はベッドカヴァーとテーブルクロスが買いたいんです。

8．sore wa mukō no kauntā desu ne.

8．それは向こうのカウンターですね。

9．sore kara, indo-sarasa no kamīzu to rongu sukāto mo mite okitai no desu ga, kono mirāwāku no kusshon-kabā mo suteki desu ne. saki ni chotto kore o mimashō.

9．それから，インド更紗のカミーズとロングスカートも見ておきたいのですが，このミラーワークのクッションカヴァーも素敵ですね。先にちょっとこれを見ましょう。

10．kyō no kaimono wa nagabikisō da yo.

10．今日の買い物は長引きそうだよ。

4－2．zakkaten de

4－2．雑貨店で

1．sentakuyō no sekken wa arimasu ka ?

1．洗濯用の石鹸はありますか？

2. हो, एरियल आहे. कुठला देऊ, लहान का मोठा ?

2. hō, ēriyəl āhē. kuṭ^{h}lā dēū, ləhān kā mōṭ^{h}ā ?

3. सर्वात लहान पाकिट द्या. केवढ्याचा आहे ?

3. sərwāt ləhān pākiṭ dyā. kēwḍ^{h}yāçā āhē ?

4. सहा रुपये. आणखी काही ?

4. səhā rupəyē. āṇk^{h}ī kāhī ?

5. शँपू दाखवा.

5. śæmpū dāk^{h}wā.

6. हा नारळाच्या तेलापासून बनवलेला शँपू आहे. फार चांगला आहे.

6. hā nārḷācā tēlāpāsūn bənəwlēlā śæmpū āhē. p^{h}ār çāṅglā āhē.

7. ठीक आहे. तो द्या. आणि पेन्सिल सेल आहेत का ?

7. ṭ^{h}īk āhē. tō dyā. āṇi pēnsil sēl āhēt kā ?

8. हो, आहेत. किती हवेत ?

8. hō, āhēt. kitī həwēt ?

9. दोन द्या. एकूण किती पैसे झाले ?

9. dōn dyā. ēkūṇ kitī pəisē z^{h}ālē ?

2．hai, eriyaru ga arimasu. saizu wa ?

2．はい，エリヤルがあります。サイズは？

3．ichiban chiisai no o kudasai. ikura desu ka ?

3．一番小さいのをください。いくらですか？

4．roku rupī desu. hoka ni nanika ?

4．6ルピーです。他に何か？

5．shanpū o misete kudasai.

5．シャンプーを見せてください。

6．kore wa kokonattsu-oiru no shanpū de, nakanaka no kōkyūhin desu.

6．これはココナッツオイルのシャンプーで，なかなかの高級品です。

7．ja, sore o kudasai. sore kara, tansan no kandenchi wa arimasu ka ?

7．じゃ，それをください。それから，単3の乾電池はありますか？

8．hai, arimasu. nanbon desu ka ?

8．はい，あります。何本ですか？

9．nihon kudasai. zenbu de ikura ni narimasu ka ?

9．2本ください。全部でいくらになりますか？

10. छत्तीस रुपये पंचाहत्तर पैसे झाले.

10. c^{h}əttīs rupəyē pəñcāhəttər pəisē z^{h}ālē.

4 – 3. फळवाल्याकडे

4 – 3. p^{h}əḷwālyākəḍē

1. हा आंबा कसा दिला ?

1. hā āmbā kəsā dilā ?

2. शंभर रुपये डझन.

2. śəmb^{h}ər rupəyē ḍəz^{h}ən.

3. हा आंबा मोठा आहे. याचा भाव काय ?

3. hā āmbā mōṭ^{h}ā āhē. yāçā b^{h}āw kāy ?

4. हा उत्तम प्रतीचा हापूस आहे. एका डझनाला दोनशे रुपये.

4. hā uttəm prətīçā hāpūs āhē. ēkā ḍəz^{h}nālā dōnśē rupəyē.

5. फार महाग सांगता. दीडशेला डझन द्या, तर अर्धा डझन घेईन.

5. p^{h}ār məhāg sāṅgtā. dīḍśēlā ḍəz^{h}ən dyā, tər ərd^{h}ā ḍəz^{h}ən g^{h}ēīn.

6. नाही परवडत.

6. nāhī pərwəḍət.

7. मग द्राक्षांचा भाव काय ?

7. məg drākṣāñçā b^{h}āw kāy ?

10. sanjūroku rupī nanajūgo paisa desu.

10. 36ルピー75パイサです。

4－3. kudamonoya de

4－3. 果物屋で

1. kono mangō ikura ?

1. このマンゴーいくら？

2. ichi dāsu hyaku rupī.

2. 1ダース100ルピー。

3. kocchi no mangō wa ōkii ne. kore wa ikura ?

3. こっちのマンゴーは大きいね。これはいくら？

4. sore wa jōtō no arufonso da yo. ichi dāsu ni-hyaku rupī da ne.

4. それは上等のアルフォンソだよ。1ダース200ルピーだね。

5. zuibun takai ne. hyaku gojū rupī nara han-dāsu kau kedo.

5. ずいぶん高いね。150ルピーなら半ダース買うけど。

6. sore wa dekinai ne.

6. それはできないね。

7. kono budō wa ikura ?

7. このぶどうはいくら？

8. चाळीस रुपये किलो.

8. cāḷīs rupəyē kilō.

9. अच्छा ! तर मग अर्धा डझन हापूस नव्वद रुपयांत घेतो. पण त्याच्याबरोबर पाव किलो द्राक्षंपण द्या.

9. əccʰā ! tər məg ərdʰā ḍəzʰən hāpūs nəwwəd rupəyānt gʰētō. pəṇ tyācābərōbər pāw kilō drākṣə̄pəṇ dyā.

10. तसं जमणार नाही. पण बघा, खास तुमच्यासाठी कमी भावात देतो. एकशे पाच रुपये द्या.

10. təsə̄ zəmṇār nāhī. pəṇ bəgʰā, kʰās tumcāsāṭʰi kəmī bʰāwāt dētō. ēkśē pāç rupəyē dyā.

4 – 4. मराठी पोशाख शिवून घेणे

4 – 4. mərāṭʰī pōśākʰ śiwūn gʰēṇē

1. परंपरागत मराठी पोशाख शिवून घ्यायचा आहे.

1. pərəmpərāgət mərāṭʰī pōśākʰ śiwūn gʰyāyçā āhē.

2. साधारणपणे मराठी माणसाचा परंपरागत पोशाख सदरा आणि धोतर आहे.

2. sādʰārəṇpəṇē mərāṭʰī māṇsāçā pərəmpərāgət pōśākʰ sədrā āṇi dʰōtər āhē.

3. नको, मला सदरा धोतर नको. मला शिवाजी महाराजांच्या पद्धतीचा पोशाख हवा आहे.

3. nəkō, məlā sədrā dʰōtər nəkō. məlā śiwājī məhārājāñcā pəddʰətīçā pōśākʰ həwā āhē.

8. kiro yonjū rupī.

8. キロ40ルピー。

9. jaa ne, arufonso han-dāsu kyūjū rupī de kau kara, budō o nihyaku gojū guramu omake shite yo.

9. じゃあね，アルフォンソ半ダース90ルピーで買うから，ぶどうを250グラムおまけしてよ。

10. sore wa muri da ga, anta ni wa tokubetsu-sābisu de hyaku-go rupī ni shite yaru yo.

10. それは無理だが，あんたには特別サービスで105ルピーにしてやるよ。

4－4. minzokuhuku o atsuraeru

4－4. 民族服を誂える

1. mahārāshutora no dentōtekina ishō o nutte moraitai no desu ga.

1. マハーラーシュトラの伝統的な衣装を縫ってもらいたいのですが。

2. hutsū, danseiyō no dentōtekina ishō wa kurutā to dōtī desu ne.

2. 普通，男性用の伝統的な衣装はクルターとドーティーですね。

3. iya, kurutā to dōtī ja naku te, shivājī ga kite ita yōna no ga iin desu.

3. いや，クルターとドーティーじゃなくて，シヴァージーが着ていたようなのがいいんです。

4. अहो, ती तर बाराबंदी असते. आजकाल ती कोणी घालत नाही.

4. əhō, tī tər bārābəndī əstē. āzkāl tī kōṇī g^{h}ālət nāhī.

5. काही हरकत नाही. मला ती फक्त आठवण म्हणून हवी आहे.

5. kāhī hərkət nāhī. məlā tī p^{h}əktə āṭ^{h}wəṇ m^{h}əṇūn həvī āhē.

6. तर मग ठीक आहे. वर बाराबंदी आणि खाली सुरवार. चालेल ?

6. tər məg ṭ^{h}īk āhē. wər bārābəndī āṇi k^{h}ālī surwār. çālēl ?

7. हो, दोन्ही बनवा.

7. hō, dōn^{h}ī bənwā.

8. कुठला रंग हवाय ? हा रंग कसा वाटतो ?

8. kuṭ^{h}lā rəṅg həwāy ? hā rəṅg kəsā wāṭṭō ?

9. हं, हा रंग चांगला आहे. या रंगात शिवा.

9. hə̃, hā rəṅg çāṅglā āhē. yā rəṅgāt śiwā.

10. ठीक आहे. माप घेतो. कोट काढता ?

10. ṭ^{h}īk āhē. māp g^{h}ētō. kōṭ kāḍ^{h}tā ?

4. aa, bārābandī desu ka. saikin wa dare mo kite imasen yo.

4. ああ，バーラーバンディーですか。最近は誰も着ていませんよ。

5. iin desu. kinenhin ni surun desu kara.

5. いいんです。記念品にするんですから。

6. sō desu ka. ja, ue wa bārābandī de shita wa suruwāru. sore de ii desu ka ?

6. そうですか。じゃ，上はバーラーバンディーで下はスルワール。それでいいですか？

7. hai, jōge tomo onegai shimasu.

7. はい，上下ともお願いします。

8. iro wa dō nasaimasu ka ? kochira no iro wa ikaga desu ka ?

8. 色はどうなさいますか？こちらの色はいかがですか？

9. un, kore wa ii iro desu ne. kono iro ni shimasu.

9. うん，これはいい色ですね。この色にします。

10. kashikomarimashita. dewa, saizu o hakarimasu kara, uwagi o nuide itadakemasu ka ?

10. 畏まりました。では，サイズを測りますから，上着を脱いでいただけますか？

4 – 5. पुस्तकाच्या दुकानात

1. महाराष्ट्र गाइड आहे का ?

2. हो, आहे. इंग्रजी का मराठी, कोणतं पाहिजे ?

3. दोन्ही द्या. आणि महाराष्ट्रातल्या प्रेक्षणीय स्थळांच्या छायाचित्रांचं पुस्तक आहे का ?

4. हो, वेगवेगळ्या प्रकारची आहेत. इकडच्या कपाटात बघा.

5. महाराष्ट्राच्या इतिहासावरची पुस्तकंही पाहायची आहेत.

6. इतिहासाची पुस्तकं तिकडच्या कपाटात प्राचीन काळापासून आधुनिक काळापर्यंत क्रमाने ठेवलेली आहेत.

4 – 5. pustəkācā dukānāt

1. məhārāṣṭrə gāiḍ āhē kā ?

2. hō, āhē. iṅgrəjī kā mərāṭʰī, kōṇtə̄ pāhijē ?

3. dōnʰī dyā. āṇi məhārāṣṭrātlyā prēkṣəṇīy stʰəḷāñcā cʰāyācittrāñçə̄ pustək āhē kā ?

4. hō, wēgwēgḷyā prəkārcī āhēt. ikəḍcā kəpāṭāt bəgʰā.

5. məhārāṣṭrācā itihāsāwərcī pustəkə̄hī pāhāycī āhēt.

6. itihāsācī pustəkə̄ tikəḍcā kəpāṭāt prācīn kāḷāpāsūn ādʰunik kāḷāpəryənt krəmānē ṭʰēwlēlī āhēt.

4－5. shoten de

4－5. 書店で

1．mahārāshutora no gaido-bukku wa arimasu ka ?

1．マハーラーシュトラのガイドブックはありますか？

2．hai, arimasu. eigo to marātī-go to dochira ga ii desu ka ?

2．はい，あります。英語とマラーティー語とどちらがいいですか？

3．ryōhō tomo kudasai. sore kara, mahārāshutora no meisho no shashinshū wa arimasu ka ?

3．両方ともください。それから，マハーラーシュトラの名所の写真集はありますか？

4．hai, ironna shurui no ga arimasu. kochira no tana desu.

4．はい，いろんな種類のがあります。こちらの棚です。

5．mahārāshutora no rekishi no hon mo mitai no desu ga.

5．マハーラーシュトラの歴史の本も見たいのですが。

6．rekishi no hon wa mukō no tana ni kodaishi kara gendaishi made jun ni oite arimasu.

6．歴史の本は向こうの棚に古代史から現代史まで順に置いてあります。

7 . आपण गिऱ्हाइकाची पुस्तकं परदेशात पाठवता का ?

7 . āpəṇ gir^{h}āikācī pustəkə̄ pərdēśāt pāṭ^{h}əwtā kā ?

8 . नाही, आम्ही पाठवत नाही. पण पॅकिंग करून देऊ. आपण स्वतः पोस्टात जाऊन पाठवा.

8 . nāhī, ām^{h}ī pāṭ^{h}wət nāhī. pəṇ pæking kərūn dēū. āpəṇ swətəhə pōsṭāt zāūn pāṭ^{h}wā.

9 . ठीक आहे. पॅकिंग करून द्या. एकूण किती रुपये झाले ? काही तरी सवलत द्या हं.

9 . ṭ^{h}īk āhē. pæking kərūn dyā. ēkūṇ kitī rupəyē z^{h}ālē ? kāhī tərī səwlət dyā hə̃.

10. दहा टक्के सवलतीने पॅकिंगचे पैसे मिळून पाचशे ऐंशी रुपये होतात.

10. dəhā ṭəkkē səwlətīnē pækingçē pəisē miḷūn pāçśē əinśī rupəyē hōtāt.

5) मुंबईची सहल

5) mumbəīcī səhəl

5 − 1 . मुंबईदर्शन बस

5 − 1 . mumbəīdərśən bəs

1 . थोडक्या वेळात जास्तीत जास्त मुंबई बघण्यासाठी कोणती चांगली सोय आहे ?

1 . t^{h}oḍkyā wēḷāt jāstīt jāst mumbəī bəg^{h}ṇyāsāṭ^{h}ī kōṇtī çānglī sōy āhē ?

7．otaku de wa gaikoku ni hon o okutte kuremasu ka？

7．お宅では外国に本を送ってくれますか？

8．watashi domo wa gaikoku e wa okurimasen ga, konpō wa shite agemasu kara, gojibun de yūbinkyoku kara odashi kudasai.

8．私どもは外国へは送りませんが，梱包はしてあげますから，ご自分で郵便局からお出しください。

9．dewa, konpō o onegai shimasu. gōkei ikura ni narimasu ka？ waribiki mo shite kudasai.

9．では，梱包をお願いします。合計いくらになりますか？割引もしてください。

10．jup-pāsento waribiki shite, konpōryō komi de gohyaku hachijū rupī desu.

10．10パーセント割引きして，梱包料込みで580ルピーです。

5）ムンバイ見物

5）munbai kenbutsu

5－1． shinai-kankō-basu

5－1． 市内観光バス

1．yōryō yoku munbai-kankō o suru ni wa dō yū hōhō ga ii desu ka？

1．要領良くムンバイ観光をするにはどういう方法がいいですか？

2. त्यासाठी शहरदर्शन बसने जाणं सगळ्यात उत्तम.

2. tyāsāṭ^{h}ī śəhərdərśən bəsnē zāṇə səgḷyāt uttəm.

3. ती बस कुठे कुठे जाईल ?

3. tī bəs kuṭ^{h}ē kuṭ^{h}ē zāīl ?

4. ती बस गेटवे ऑफ इंडियावरून निघून मरीन ड्राइव्ह, चौपाटी मार्गे मणी भवनला जाईल.

4. tī bəs gēṭwē ɔ̄f iṇḍiyāwərūn nig^{h}ūn mərīn ḍrāiv^{h}, çəupāṭī mārgē məṇī b^{h}əwənlā zāīl.

5. मणी भवन महात्मा गांधींशी संबंधित वास्तू आहे ना ?

5. məṇī b^{h}əwən məhātmā gānd^{h}īṅśī səmbənd^{h}it wāstū āhē nā ?

6. हो. त्यानंतर बस मलबार हिलकडे जाते. तिथे हँगिंग गार्डनमध्ये विश्रांती घेऊन अरबी समुद्राच्या किनाऱ्या किनाऱ्याने उत्तर दिशेला जाईल आणि मुंबईच्या उपनगरी विभागात जाईल.

6. hō. tyānəntər bəs məlbār hilkəḍē zātē. tit^{h}ē hæṅgiṅg gārḍənməd^{h}yē viśrāntī g^{h}ēūn ərbī səmuddrācā kināryā kināryānē uttər diśēlā zāīl āṇi mumbəicā upənəgrī vib^{h}āgāt zāīl.

7. कान्हेरीकडेही जाता येईल का ?

7. kān^{h}ērīkəḍēhī zātā yēil kā ?

2．sore ni wa shinai-kankō -basu ga ichiban ii deshō.

2．それには市内観光バスが一番いいでしょう。

3．sono basu wa doko e iku no desu ka？

3．そのバスはどこへ行くのですか？

4．indo-mon kara shuppatsu shite, marīn-doraibu o tōri, tsaupātī kara mani-bawan e ikimasu.

4．インド門から出発して，マリーン・ドライヴを通り，ツァウパーティーからマニ・バワンへ行きます。

5．mani-bawan wa mahātomā -gāndī yukari no tatemono deshita yo ne.

5．マニ・バワンはマハートマー・ガーンディーゆかりの建物でしたよね。

6．sō desu. sono ato marubāru-hiru ni itte, hangingu-gāden de kyūkei shite kara, arabia-kai zoi ni kita e susunde kōgai ni demasu.

6．そうです。そのあとマルバール・ヒルに行って，ハンギング・ガーデンで休憩してから，アラビア海沿いに北へ進んで郊外に出ます。

7．kānērī-sekkutsu ni mo ikerun desu ka？

7．カーネーリー石窟にも行けるんですか？

8. नाही, तिथपर्यंत बस जाणार नाही. पण आरे दूध कॉलनी आणि फिल्मसिटीला जाते. नंतर परत शहरात येऊन वस्तुसंग्रहालय दाखवतील.

8. nāhī, tit^hpəryənt bəs zāṇār nāhī. pəṇ ārē dūd^h kōlnī āṇi filmsiṭīlā zātē. nəntər pərət śəhərāt yēūn wəstusəṅgrəhāləy dāk^həwtīl.

9. योजना चांगली आहे. आरक्षण कुठे होतं ?

9. yōjnā cāṅglī āhē. ārəkṣəṇ kuṭ^hē hōtə̄ ?

10. या हॉटेलमध्ये एम. टी. डी. सी. चं काउंटर आहे. तिथे आरक्षण करता येईल.

10. yā hōṭēlməd^hyē ēm ṭī ḍī sī çə̄ kāunṭər āhē. tit^hē ārəkṣəṇ kərtā yēīl.

5 – 2. चौपाटी

5 – 2. çəupāṭī

1. ही खूप मोठी चौपाटी आहे.

1. hī k^hūp mōṭ^hī çəupāṭī āhē.

2. हो, खूप प्रशस्त आहे ना ? हीच प्रसिद्ध चौपाटी.

2. hō, k^hūp prəśəst āhē nā ? hīç prəsidd^h çəupāṭī.

8. ie, soko made wa ikimasen ga, ārē-miruku-koronī toka firumu-shitī ni ikimasu. sore kara shinai ni modotte purinsu-obu-wēruzu-hakubutsukan o kengaku shimasu.

8. いえ，そこまでは行きませんが，アーレー・ミルク・コロニーとかフィルム・シティーに行きます。それから，市内に戻ってプリンス・オブ・ウェールズ博物館を見学します。

9. omoshirosō desu ne. yoyaku wa doko de surun desu ka ?

9. 面白そうですね。予約はどこでするんですか？

10. kono hoteru ni shū-kankōkyoku no madoguchi ga arimasu kara, soko de dekimasu yo.

10. このホテルに州観光局の窓口がありますから，そこでできますよ。

5－2. tsaupātī

5－2. ツァウパーティー

1. kore wa nakanaka ōkina hamabe desu ne.

1. これはなかなか大きな浜辺ですね。

2. ee, hirobiroto shiteru desho. kore ga yūmeina tsaupātī desu.

2. ええ，広々としてるでしょ。これが有名なツァウパーティーです。

3. इथे खूप लोक आहेत.

3. it^{h}ē k^{h}ūp lōk āhēt.

4. हो, सुट्टीच्या दिवशी आपल्या कुटुंबासह बरेच लोक इथे येतात.

4. hō, suṭṭīcā diwśī āplyā kuṭumbāsəhə bərēç lōk it^{h}ē yētāt.

5. भेळवालेही पुष्कळ आहेत. सगळे लोक फार आनंदात दिसतायत.

5. b^{h}ēḷwālēhī puṣkəḷ āhēt. səgḷē lōk p^{h}ār ānəndāt distāyət.

6. आजकाल महानगरपालिका इथल्या व्यवस्थांकडे विशेष लक्ष पुरवते. त्यामुळे ही चौपाटी खूप सुंदर झाली आहे.

6. āzkāl məhānəgərpālikā it^{h}lyā vyəwəst^{h}āṅkəḍē viśēṣ ləkṣə purəwtē. tyāmuḷē hī çəupāṭī k^{h}ūp sundər z^{h}ālī āhē.

7. मुंबईचे लोक भाग्यवान आहेत. कारण त्यांच्या शहरात अशी सुंदर चौपाटी आहे.

7. mumbəīçē lōk b^{h}āggyəwān āhēt. kārəṇ tyāñcā śəhərāt əśī sundər çəupāṭī āhē.

8. मुंबई समुद्राने वेढलेली आहे. म्हणून इथे सुंदर सुंदर चौपाट्या आहेत.

8. mumbəī səmuddrānē wēḍ^{h}lēlī āhē. m^{h}əṇūn it^{h}ē sundər sundər çəupāṭyā āhēt.

3．zuibun takusan no hitode desu ne.

3．ずいぶんたくさんの人出ですね。

4．ee, kyūjitsu ni wa konna hūni kazokuzure ga dotto kuridasun desu.

4．ええ，休日にはこんなふうに家族連れがどっと繰り出すんです。

5．yatai no mise mo takusan dete ite, mina tottemo tanoshisō desu.

5．屋台の店もたくさん出ていて，皆とっても楽しそうです。

6．saikin wa tōkyoku mo kankyō-seibi ni chikara o irete imasu kara, kono hamabe mo sugoku kireini narimashita.

6．最近は当局も環境整備に力を入れていますから，この浜辺もすごく綺麗になりました。

7．munbai no hito wa ii desu ne. jibun no machi ni konna ni subarashii hamabe ga arun desu kara.

7．ムンバイの人はいいですね。自分の町にこんなに素晴らしい浜辺があるんですから。

8．munbai wa umi ni kakomarete imasu kara, kireina hamabe ga takusan arimasu.

8．ムンバイは海に囲まれてますから，綺麗な浜辺がたくさんあります。

9. याच्याव्यतिरिक्त कोणकोणत्या चौपाट्या आहेत ?

9. yācāvyətiriktə kōṇkōṇtyā çəupāṭyā āhēt ?

10. जुहू चौपाटी प्रसिद्ध आहे. त्यानंतर उत्तरेकडे वरसोवा, मढ, मारवे, मनोरी इत्यादी चौपाट्या आहेत.

10. juhū çəupāṭī prəsidd^{h} āhē. tyānəntər uttərēkəḍē wərsōwā, məḍ^{h}, mārwē, mənōrī ittyādī çəupāṭyā āhēt.

5－3. मलबार हिलकडे

5－3. məlbār hilkəḍē

1. बघा, आपण आता कमला नेहरू पार्कमध्ये आलो आहोत.

1. bəg^{h}ā, āpəṇ ātā kəmlā nēherū pārkməd^{h}yē ālō āhōt.

2. इथून फार सुंदर देखावा दिसतो.

2. it^{h}ūn p^{h}ār sundər dēk^{h}āwā distō.

3. या भागाला मलबार हिल म्हणतात. ही जागा उंचावर असल्यामुळे सभोवतालचं सुंदर दिसतं.

3. yā b^{h}āgālā məlbār hil m^{h}əṇtāt. hī zāgā uñçāwər əslyāmuḷē səb^{h}ōwtālçə̄ sundər distə̄.

4. या भागाला राहायला मिळालं, तर काय मजा येईल !

4. yā b^{h}āgālā rāhāylā miḷālə̄, tər kāy məjā yēīl !

9．kono hoka ni donna hamabe ga arimasu ka ?

9．この他にどんな浜辺がありますか？

10. juhū wa yūmei desu ne. sore kara kita no hō ni warusōwā, mado, māruwē, manōrī nado no hamabe ga tsuzuite imasu.

10. ジュフーは有名ですね。それから北の方にワルソーワー，マド，マールウェー，マノーリーなどの浜辺が続いています。

5－3． marubāru-hiru no sansaku

5－3． マルバール・ヒルの散策

1．saa, kamarā-nerū-kōen ni tsukimashita yo.

1．さあ，カマラー・ネルー公園に着きましたよ。

2．totemo nagame no ii tokoro desu ne.

2．とても眺めのいい所ですね。

3．kono atari wa marubāru-hiru to itte, sukoshi takadai ni narimasu kara, nagame ga iin desu.

3．この辺りはマルバール・ヒルといって，少し高台になりますから，眺めがいいんです。

4．konna tokoro ni sumetara, saikō no kibun deshō ne.

4．こんな所に住めたら，最高の気分でしょうね。

5. रस्त्याच्या पलीकडेही उद्यान आहे. त्याला हँगिंग गार्डन म्हणतात.	5. rəstyācā pəlīkəḍēhī uddyān āhe. tyālā hæṅgiṅg gārḍən m^{h}əṇtāt.
6. महानगरातल्या सगळ्यात महाग भागात एवढं सुंदर उद्यान असणं खरोखरच हेवा वाटण्यासारखं आहे.	6. məhānəgrātlyā səgḷyāt məhāg b^{h}āgāt ēwḍ^{h}ə̄ sundər uddyān əsṇə̄ k^{h}ərōk^{h}ərəç hēwā wāṭṇyāsārk^{h}ə̄ āhē.
7. याच्याजवळच वाळकेश्वर मंदिर आहे. त्या मंदिरातली मूर्ती फार सुंदर आहे.	7. yācāzəwəḷəç wāḷkēśwər məndir āhē. tyā məndirātlī mūrtī p^{h}ār sundər āhe.
8. तिथपर्यंत पायी जाता येईल का ?	8. tit^{h}pəryənt pāyī zātā yēil kā ?
9. हो, जाता येईल. पण त्याआधी आपण मणी भवनकडे जाणार आहोत. वाळकेश्वर नंतर बघू.	9. hō, zātā yēil. pəṇ tyāād^{h}ī āpəṇ məṇī b^{h}əwənkəḍē zāṇār āhōt. wāḷkēśwər nəntər bəg^{h}ū.
10. ठीक आहे. आधी मणी भवनकडे जाऊ या.	10. ṭ^{h}īk āhē. ād^{h}ī məṇī b^{h}əwənkəḍē zāū yā.

5. dōro no mukōgawa mo kōen de, hangingu-gāden to iimasu.

5. 道路の向こう側も公園で，ハンギング・ガーデンといいます。

6. daitokai no ittōchi ni konna ni sutekina kōen ga aru nante, honto ni urayamashii desu ne.

6. 大都会の一等地にこんなに素敵な公園があるなんて，ほんとに羨ましいですね。

7. kono chikaku ni wārukēshuwaru-jiin ga arimasu. soko no shinzō wa totemo kirei desu.

7. この近くにワールケーシュワル寺院があります。そこの神像はとても綺麗です。

8. soko made aruite ikemasu ka?

8. そこまで歩いて行けますか？

9. ee, ikemasu. demo, saki ni mani-bawan ni iku yotei desu kara, wārukēshuwaru wa ato ni shimashō.

9. ええ，行けます。でも，先にマニ・バワンに行く予定ですから，ワールケーシュワルは後にしましょう。

10. sō desu ka. ja, mani-bawan ni ikimashō.

10. そうですか。じゃ，マニ・バワンに行きましょう。

5 – 4. वस्तुसंग्रहालय	**5 – 4.** wəstusəṅgrəhāləy
1. या वस्तुसंग्रहालयामधला खास संग्रह कोणता आहे ?	1. yā wəstusəṅgrəhāləyāməd^{h}lā k^{h}ās səṅgrəhə kōṇtā āhē ?
2. तसं पाहिलं, तर इथली मिनिएचर्स फार प्रसिद्ध आहेत.	2. təsə̄ pāhilə̄, tər it^{h}lī miniecərs p^{h}ār prəsidd^h āhēt.
3. मिनिएचर्सच्या अनेक शाखा आहेत असं मी ऐकलंय.	3. miniecərscā ənēk śāk^{h}ā āhēt əsə̄ mī əiklə̄y.
4. हो, काळाच्या आणि स्थळाच्या दृष्टीने मोगल, पहाडी इत्यादी वेगवेगळ्या शाखा आहेत. त्या सगळ्या इथे पाहायला मिळतील.	4. hō, kāḷācā āṇi st^{h}əḷācā druṣṭīnē mōgəl, pəhāḍī ittyādī wēgwēgḷyā śāk^{h}ā āhēt. tyā səgḷyā it^{h}ē pāhāylā miḷtīl.
5. वा वा, फार छान ! आणि प्राचीन काळातल्या उत्खननात सापडलेल्या वस्तूही आहेत का ?	5. wā wā, p^{h}ār c^{h}ān ! āṇi prācīn kāḷātlyā utk^{h}ənənāt sāpəḍlēlyā wəstūhī āhēt kā ?

5－4. purinsu-obu-wēruzu-hakubutsukan

5－4. プリンス・オブ・ウェールズ博物館

1. kono hakubutsukan no gojiman no korekushon wa nan deshō ?

1. この博物館のご自慢のコレクションは何でしょう？

2. sō desu ne, koko de wa mazu saimitsuga ga totemo yūmei desu.

2. そうですね，ここではまず細密画がとても有名です。

3. saimitsuga ni wa iroirona ryūha ga aru to kikimashita ga.

3. 細密画にはいろいろな流派があると聞きましたが。

4. sō desu. jidai ya chiiki ni yotte mugaru-yōshiki toka pahāru-yōshiki toka ironna ryūha ga arimasu. minna kono hakubutsukan de miru koto ga dekimasu yo.

4. そうです。時代や地域によってムガル様式とかパハール様式とかいろんな流派があります。みんなこの博物館で見ることができますよ。

5. sore wa tanoshimi desu. tokorode, kodai-iseki no shutsudohin mo arimasu ka ?

5. それは楽しみです。ところで，古代遺跡の出土品もありますか？

6 . हो, सिंधू संस्कृतीतल्या मातीच्या मूर्ती आणि बौद्ध धर्माशी संबंधित वस्तूही ठेवलेल्या आहेत.	6 . hō, sind^{h}ū səw̃skrutītlyā mātīcā mūrtī āṇi bəudd^{h}ə d^{h}ərmāśī səmbənd^{h}it wəstūhī ṭ^{h}ēwlēlyā āhēt.
7 . बौद्ध धर्मासंबंधी बोलायचं झालं, तर महाराष्ट्रात बौद्धांची खूप जुनी लेणी आहेत ना ?	7 . bəudd^{h}ə d^{h}ərmāsəmbənd^{h}ī bōlāyçə̄ z^{h}ālə̄, tər məhārāṣṭrāt bəudd^{h}ā̃cī k^{h}ūp zunī lēṇī āhēt nā ?
8 . हो, अजंठा आणि वेरूळ तर जगप्रसिद्धच आहेत. पण आणखीही काही लेणी आहेत. मुंबईतसुद्धा बौद्धांची लेणी आहेत.	8. hō, əjənṭ^{h}ā āṇi wērūḷ tər jəgprəsidd^{h}əç āhēt. pəṇ āṇk^{h}īhī kāhī lēṇī āhēt. mumbəītsudd^{h}ā bəudd^{h}ā̃cī lēṇī āhēt.
9 . मला माहीत आहे. कान्हेरी ना ?	9 . məlā māhīt āhē. kān^{h}ērī nā ?
10. हो. तीसुद्धा खूप छान जागा आहे. आपण जरूर पाहा.	10. hō. tīsudd^{h}ā k^{h}ūp c^{h}ān zāgā āhē. āpəṇ zərūr pāhā.

6. hai, indasu-bunmei no terakotta ya bukkyōkankei no shutsudohin mo tenji sarete imasu.

6. はい，インダス文明のテラコッタや仏教関係の出土品も展示されています。

7. bukkyō to yū to, mahārāshutora-shū ni wa bukkyō no hurui sekkutsu ga arimasu yo ne.

7. 仏教というと，マハーラーシュトラ州には仏教の古い石窟がありますよね。

8. hai, ajanta to erōra wa sekaiteki ni yūmei desu ga, hoka ni mo ikutsuka arimasu. munbai ni mo bukkyō no sekkutsu ga arimasu.

8. はい，アジャンタとエローラは世界的に有名ですが，他にもいくつかあります。ムンバイにも仏教の石窟があります。

9. shitte imasu. kānērī desu ne？

9. 知っています。カーネーリーですね？

10. hai, asoko mo nakanaka subarashii tokoro desu. zehi, goran ni natte kudasai.

10. はい，あそこもなかなか素晴らしい所です。ぜひ，ご覧になってください。

5 – 5. एलेफन्टाची सहल

5 – 5. elefəṇṭācī səhəl

1. एलेफन्टा बेटावर येण्याची बऱ्याच दिवसांपासून माझी इच्छा होती.

1. elefəṇṭā bēṭāwər yēṇyācī bəryāc diwsāmpāsūn māj^{h}ī icc^{h}ā hōtī.

2. असं सगळे लोक म्हणतात. इथल्या मूर्ती कलेच्या दृष्टीनेही प्रथम दर्जाच्या आहेत.

2. əsə̄ səglē lōk m^{h}əṇtāt. it^{h}lyā mūrtī kəlēcā drusṭīnēhī prət^{h}əm dərjācā āhēt.

3. इथे देवीची मूर्ती आहे.

3. it^{h}ē dēvīcī mūrtī āhē.

4. ही पार्वती. शिवाची पत्नी. दोघांच्या लग्नाचं दृश्य आहे.

4. hī pārwətī. śiwācī pətnī. dōg^{h}āñcā ləgnāçə̄ druśśə āhē.

5. हं, हीच का ती तीन तोंडांची प्रसिद्ध त्रिमूर्ती ? केवढी मोठी आहे !

5. hə̄, hīç kā tī tīn tōṇḍāñcī prəsidd^{h} trimūrtī ? kēwḍ^{h}ī mōṭ^{h}ī āhē !

5－5．erefanta-tō kenbutsu

1．erefanta-tō ni kuru no o nagai aida tanoshimi ni shite imashita.

2．minasan sō osshaimasu. koko ni aru chōkoku wa geijutsuhin to shite mo ikkyūhin desu kara ne.

3．kochira ni megamizō ga arimasu.

4．kore wa pāruvatī desu. shiva-shin no haigūshin desu. hutari no kekkonshiki no bamen desu ne.

5．aa, kore ga rei no kao ga sanmen aru to yū yūmeina torimūruti-zō desu ka ? zuibun ōkii desu ne.

5－5．エレファンタ島見物

1．エレファンタ島に来るのを長い間楽しみにしていました。

2．皆さんそうおっしゃいます。ここにある彫刻は芸術品としても一級品ですからね。

3．こちらに女神像があります。

4．これはパールヴァティーです。シヴァ神の配偶神です。二人の結婚式の場面ですね。

5．ああ，これが例の顔が3面あるという有名なトリムールティ像ですか？　ずいぶん大きいですね。

6. ही मूर्ती कशी वाटते ?
शिवपार्वतीची एकत्रित अद्भुत मूर्ती. याला अर्धनारीश्वर म्हणतात.

6. hī mūrtī kəśī wāṭṭē ?
śiwpārwətīcī ēkəttrit ədb^{h}ut mūrtī. yālā ərd^{h}ənārīśwər m^{h}əṇtāt.

7. ही तर फारच आश्चर्यकारक मूर्ती आहे. या बेटात शिवाच्या एवढ्या मूर्ती आहेत, तरीसुद्धा या बेटाला एलेफन्टा का म्हणतात ?

7. hī tər p^{h}ārəç āścəryəkārək mūrtī āhē. yā bēṭāt śiwācā ēwḍ^{h}yā mūrtī āhēt, tərīsudd^{h}ā yā bēṭālā elefəṇṭā kā m^{h}əṇtāt ?

8. पूर्वी इथे एक हत्तीची मूर्ती होती म्हणून पोर्तुगीजांनी हे नाव दिलं असं म्हणतात. या भागातले लोक या बेटाला घारापुरी म्हणतात.

8. pūrvī it^{h}ē ēk həttīcī mūrtī hōtī m^{h}əṇūn pōrtugīzānnī hē nāw dilə əsə m^{h}əṇtāt. yā b^{h}āgātlē lōk yā bēṭālā g^{h}ārāpurī m^{h}əṇtāt.

9. या बेटातल्या मूर्ती छान आहेतच. पण बोटीने प्रवास करणं हाही वेगळा आनंद आहे.

9. yā bēṭātlyā mūrtī c^{h}ān āhētəç. pəṇ bōṭīnē prəwās kərṇə hāhī wēgḷā ānənd āhē.

10. अच्छा, ही तर अगदी जपानी माणसाची खास प्रतिक्रिया म्हणावी लागेल.

10. əcc^{h}ā, hī tər əgdī jəpānī māṇsācī k^{h}ās prətikriyā m^{h}əṇāvī lāgēl.

6. kochira no wa ikaga desu ka? shiva-shin to pāruvatī-shin ga gattai shite iru mezurashii zō desu. arudanārīshuwaru to iimasu.

6. こちらのはいかがですか？シヴァ神とパールヴァティー神が合体している珍しい像です。アルダナーリーシュワルといいます。

7. nantomo hushigina zō desu ne. tokorode, shiva-shinzō ga takusan aru kono shima o naze erefanta-tō to yū no desu ka?

7. 何とも不思議な像ですね。ところで，シヴァ神像がたくさんあるこの島をなぜエレファンタ島というのですか？

8. izen, zō no zō ga atta no de, porutogaru-jin ga sō nazuketa sō desu. jimoto no hito wa gārāpurī to ittemasu.

8. 以前，象の像があったので，ポルトガル人がそう名付けたそうです。地元の人はガーラープリーと言ってます。

9. kono shima wa chōkoku wa mochiron iin desu ga, hune ni noru to yū no ga nantomo huzei ga arimasu.

9. この島は彫刻はもちろんいいんですが，船に乗るというのが何とも風情があります。

10. sō desu ka. kore wa mata nihon no kata rashii tokubetsuna kansō desu ne.

10. そうですか。これはまた日本の方らしい特別な感想ですね。

6) यात्रा

6) yātrā

6 – 1. डेक्कन क्वीनने पुण्याला जाणे

6 – 1. ḍekkən kwīnnē puṇyālā zāṇē

1. हे कोणतं स्टेशन आहे ?

1. hē kōṇtə sṭēśən āhē ?

2. हे कर्जत आहे. आपण कुठे चाललात ?

2. hē kərzət āhē. āpəṇ kuṭʰē çāllāt ?

3. मी पुण्याला जातोय / जातेय. तिथे पोचायला अजून किती वेळ लागेल ?

3. mī puṇyālā zātōy / zātēy. titʰē pōçāylā əzūn kitī wēḷ lāgēl ?

4. अजून दोन तास तरी लागतील. आपण पुणे बघायला निघालात का ?

4. əzūn dōn tās tərī lāgtīl. āpəṇ puṇē bəgʰāylā nigʰālāt kā ?

5. हो. मी ऐकलंय की पुणे ऐतिहासिक शहर आहे.

5. hō. mī əikləy kī puṇē əitihāsik śəhər āhē.

6）旅　行

6）ryokō

6－1．dekkan-kuīn de punē e iku

6－1．デッカン・クィーンでプネーへ行く

1．kore wa nan to yū eki desu ka？

1．これは何という駅ですか？

2．karuzato desu. anata wa doko e ikun desu ka？

2．カルザトです。あなたはどこへ行くんですか？

3．punē e ikimasu. ato dorekurai kakarimasu ka？

3．プネーへ行きます。あとどれくらいかかりますか？

4．ato ni-jikan gurai deshō. punē e wa kankō de irassharun desu ka？

4．あと２時間ぐらいでしょう。プネーへは観光でいらっしゃるんですか？

5．punē wa rekishi no hurui machi to kiite imasu.

5．プネーは歴史の古い町と聞いています。

6. बरोबर. मराठ्यांच्या काळी तिथे पेशवे म्हणजे दिवाण राहात होते. ते राज्याचं राजकीय आणि सांस्कृतिक केंद्र होतं.

6. bərōbər. mərāṭ^{h}yāñcā kāḷī tit^{h}ē pēśwē m^{h}əṇjē diwāṇ rāhāt hōtē. tē rājjācə̄ rājkīy āṇi sāw̃skrutik kēndrə hotə̄.

7. पेशवे दिवाण होते का ? राजे नव्हते ?

7. pēśwē diwāṇ hōtē kā ? rāzē nəw^{h}tē ?

8. नाही, ते राजे नव्हते. राजा साताऱ्यात राहात असे.

8. nāhī, tē rāzē nəw^{h}tē. rāzā sātāryāt rāhāt əsē.

9. पुण्याचं हवामान कसं काय आहे ?

9. puṇyāçə̄ həwāmān kəsə̄ kāy āhē ?

10. पुणे तसं पाहिलं तर थंड आहे. पण थंड हवामानाच्या जागेबद्दल बोलायचं झालं, तर पुण्याच्या वाटेवर लोणावळा आणि खंडाळा ही दोन थंड हवेची प्रसिद्ध ठिकाणं आहेत.

10. puṇē təsə̄ pāhilə̄ tər t^{h}əṇḍ āhē. pəṇ t^{h}əṇḍ həwāmānācā zāgēbəddəl bōlāyçə̄ z^{h}ālə̄, tər puṇyācā wāṭēwər lōṇāwəḷā āṇi k^{h}əṇḍāḷā hī dōn t^{h}əṇḍ həwēcī prəsidd^{h} ṭ^{h}ikāṇə̄ āhēt.

6. sō desu. marātā-ōkoku-jidai ni wa pēshuwā to yū saishō no kyojūchi de, seijiteki ni mo bunkateki ni mo ōkoku no chūshin deshita.

6．そうです。マラーター王国時代にはペーシュワーという宰相の居住地で，政治的にも文化的にも王国の中心でした。

7. pēshuwā wa saishō desu ka ? ōsama de wa nakatta no desu ka ?

7．ペーシュワーは宰相ですか？王様ではなかったのですか？

8. sō, ōsama de wa arimasen deshita. ōsama wa sātārā ni sunde imashita.

8．そう，王様ではありませんでした。王様はサーターラーに住んでいました。

9. punē no kikō wa ikaga desu ka ?

9．プネーの気候はいかがですか？

10. punē wa hikakuteki suzushiin desu. demo, suzushii tokoro nara, punē ni iku tochū no rōnāwarā to kandārā wa yūmeina hishochi desu.

10．プネーは比較的涼しいんです。でも，涼しい所なら，プネーに行く途中のローナーワラーとカンダーラーは有名な避暑地です。

6 – 2. औरंगाबाद विमानतळावर

6 – 2. əuraṅgābād vimāntəḷāwər

1. एखादं चांगलं हॉटेल सांगता का ?

1. ēkʰādə̄ çāṅglə̄ hɔ̄ṭēl sāṅgtā kā ?

2. स्वस्त हॉटेल हवंय का ?

2. swəstə hɔ̄ṭēl həwə̄y kā ?

3. फार स्वस्त नसलं, तरी चालेल.

3. pʰār swəstə nəslə̄, tərī çālēl.

4. रामा किंवा अशोक चालेल ?

4. rāmā kiw̃wā əśōk çālēl ?

5. ती फार महागडी हॉटेल्स आहेत. त्यापेक्षा थोडं स्वस्त म्हणजे मध्यम श्रेणीतलं चांगलं हॉटेल पाहिजे.

5. tī pʰār məhāgḍī hɔ̄ṭēls āhēt. tyāpēkṣā tʰōḍə̄ swəst mʰəṇjē məddʰyəm śrēṇītlə̄ çāṅglə̄ hɔ̄ṭēl pāhijē.

6. तर मग नंदिता बरं राहील.

6. tər məg nənditā bərə̄ rāhīl.

7. किती भाडं आहे ?

7. kitī bʰāḍə̄ āhē ?

8. साधारण सातशे रुपये.

8. sādʰārəṇ sātśē rupəyē.

6－2．aurangābādo-kūkō de

1．dokoka ii hoteru o shōkai shite kudasai.

2．yasui tokoro ga ii desu ka ?

3．amari yasuku naku temo ii desu yo.

4．rāmā toka ashōka toka wa dō desu ka ?

5．sore wa takai hoteru desho. mō sukoshi yasukute, tsumari, chū gurai de ii hoteru ga iin desu kedo.

6．sorenara, nanditā-hoteru nanka ga ii deshō.

7．ikura gurai desu ka ?

8．nanahyaku-rupī gurai desu.

6－2．アウランガーバード空港で

1．どこかいいホテルを紹介してください。

2．安い所がいいですか？

3．あまり安くなくてもいいですよ。

4．ラーマーとかアショーカとかはどうですか？

5．それは高いホテルでしょ。もう少し安くて，つまり，中ぐらいでいいホテルがいいんですけど。

6．それなら，ナンディター・ホテルなんかがいいでしょう。

7．いくらぐらいですか？

8．700ルピーぐらいです。

9. वेरूळ आणि अजंठ्याला जाण्यासाठी पर्यटन बस मिळेल का ?

9. wērūḷ āṇi əjəṇṭ^{h}yālā zāṇyāsāṭ^{h}ī pəryəṭən bəs miḷēl kā ?

10. हो. हॉटेलातच आपल्याला बुकिंग करता येईल.

10. hō. hɔṭēlātəç āplyālā bukiṅg kərtā yēīl.

6 – 3. कोल्हापूरला जाणाऱ्या गाडीत

6 – 3. kōl^{h}āpūrlā zāṇāryā gāḍīt

1. आपण चिनी आहात का ?

1. āpəṇ cinī āhāt kā ?

2. नाही, मी जपानी आहे.

2. nāhī, mī jəpānī āhē.

3. कुठे जाणार ?

3. kuṭ^{h}ē zāṇār ?

4. कोल्हापूर.

4. kōl^{h}āpūr.

5. बघायला चालल्लात की काही कामाच्या निमित्ताने ?

5. bəg^{h}āylā çāllāt kī kāhī kāmācā nimittānē ?

6. बघायला चाललोय / चाललेय. न्यू पॅलेस म्युझियम पाहायची इच्छा आहे. आपण कुठे निघालात ?

6. bəg^{h}āylā çāllōy / çāllēy. nyū pæles myuz^{h}iyəm pāhāycī icc^{h}ā āhē. āpəṇ kuṭ^{h}ē nig^{h}ālāt ?

9. erōra to ajanta ni iku kankō-basu wa arimasu ka ?

9. エローラとアジャンタに行く観光バスはありますか？

10. hai. hoteru de yoyaku ga dekiru to omoimasu.

10. はい。ホテルで予約ができると思います。

6－3. kōrāpūru yuki no ressha de

6－3. コーラープール行きの列車で

1. anata wa chūgoku-jin desu ka ?

1. あなたは中国人ですか？

2. iie, watashi wa nihon-jin desu.

2. いいえ，私は日本人です。

3. doko e ikun desu ka ?

3. どこへ行くんですか？

4. kōrāpūru desu.

4. コーラープールです。

5. kankō desu ka, soretomo nanika oshigoto de ?

5. 観光ですか，それとも何かお仕事で？

6. kankō desu. nyūparesu no hakubutsukan o miyō to omotte imasu. anata wa dochira e ?

6. 観光です。ニューパレスの博物館を見ようと思っています。あなたはどちらへ？

7. मी मिरजेला जातोय. मी सैन्यात आहे. पंजाबमध्ये अंबाल्याला असतो. सुट्टीत घरी चालल्लोय.

7. mī mirzēlā zātōy. mī səinyāt āhē. pəñjābməd^{h}yē əmbālyālā əstō. suṭṭīt g^{h}ərī çāllōy.

8. पंजाबपासून फार लांबचा प्रवास आहे ना ?

8. pəñjābpāsūn p^{h}ār lāmbçā prəwās āhē nā ?

9. हो. गाडीने सबंध दोन दिवस लागतात. पण घरच्या लोकांना भेटायचंय या कल्पनेनेच माझा सगळा थकवा नाहीसा होतो.

9. hō. gāḍīnē səbənd^h dōn diwəs lāgtāt. pəṇ g^{h}ərcā lōkānnā b^{h}ēṭāyçəy yā kəlpənēnēç māz^{h}ā səgḷā t^{h}əkwā nāhīsā hōtō.

10. खरं आहे. अरे, हा आपल्या कुटुंबियांचा फोटो दिसतोय ? फारच गोड मुलं आहेत आपली.

10. k^{h}ərə āhē. ərē, hā āplyā kuṭumbiyāñçā fōṭō distōy ? p^{h}ārəç gōḍ mulə āhēt āplī.

6 – 4. मुंबईला जाणारी डीलक्स रातराणी

6 – 4. mumbəīlā zāṇārī ḍīləks rātrāṇī

1. किती वाजले ?

1. kitī wāzlē ?

2. दोन वाजून गेलेत. फार थकायला होतं, नाही का ?

2. dōn wāzūn gēlēt. p^{h}ār t^{h}əkāylā hōtə, nāhī kā ?

7. watashi wa mirazu e ikimasu. watashi wa gunjin desu. panjābu no anbara ni irun desu ga, kyūka de kaeru tochū desu.

7. 私はミラズへ行きます。私は軍人です。パンジャーブのアンバラにいるんですが，休暇で帰る途中です。

8. panjābu kara to wa nagatabi desu ne.

8. パンジャーブからとは長旅ですね。

9. ee, kisha de maru hutsuka kakarimasu. shikashi, kazoku ni aeru to omou to, tsukare mo huttobimasu.

9. ええ，汽車で丸2日かかります。しかし，家族に会えると思うと，疲れも吹っ飛びます。

10. sō deshō ne. oya, sore wa gokazoku no shashin desu ka ? totemo kawaii okosan desu ne.

10. そうでしょうね。おや，それはご家族の写真ですか？とても可愛いお子さんですね。

6－4. munbai yuki no yakō-derakkusu-basu

6－4. ムンバイ行きの夜行デラックス・バス

1. ima, nan-ji desu ka ?

1. 今，何時ですか？

2. ni-ji sugi desu. zuibun tsukaremasu ne.

2. 2時過ぎです。ずいぶん疲れますね。

3. हो ना. निघून पाच तास होऊन गेलेत. आपल्याला झोप मिळाली का ?

3. hō nā. nig^{h}ūn pāç tās hōūn gēlēt. āplyālā z^{h}ōp miḷālī kā ?

4. नाही, जागा बरी नसल्यामुळे मानेला त्रास झाला त्यामुळे मला झोप आली नाही.

4. nāhī, zāgā bərī nəslyāmuḷē mānēlā trās z^{h}ālā tyāmuḷē məlā z^{h}ōp ālī nāhī.

5. माझ्याही बाबतीत तसंच झालं. मुंबईपर्यंत झोपायला मिळण्याची आशा मी सोडून दिली आहे.

5. māj^{h}āhī bābtīt təsə̄ç z^{h}ālə̄. mumbəīpəryənt z^{h}ōpāylā miḷṇyācī āśā mī sōḍūn dilī āhē.

6. मुंबईला किती वाजता पोचू ?

6. mumbəīlā kitī wāztā pōçū ?

7. जर मध्ये काही अडथळा आला नाही, तर सकाळी साडेसहापर्यंत पोचू.

7. zər məd^{h}yē kāhī əḍt^{h}əḷā ālā nāhī, tər səkāḷī sāḍēsəhāpəryənt pōçū.

8. लवकर पोचता आलं, तर किती बरं होईल. आता उजाडावं लवकर !

8. ləwkər pōçtā ālə̄, tər kitī bərə̄ hōīl. ātā ujāḍāwə̄ ləwkər !

9. चला, या विश्रामगृहातलं उपाहारगृह छान दिसतंय.

9. çəlā, yā viśrāmgruhātlə̄ upāhārgruhə c^{h}ān distə̄y.

3．sō desu ne. shuppatsu shite go-jikan ijō desu. nemuremashita ka ?

3．そうですね。出発して５時間以上です。眠れましたか？

4．iie, zaseki no guai ga yoku nai no de, kubisuji ga itakute nemuremasen.

4．いいえ，座席の具合が良くないので，首筋が痛くて眠れません。

5．watashi mo sō desu. munbai ni tsuku made nemuru no wa akiramemashita.

5．私もそうです。ムンバイに着くまで眠るのは諦めました。

6．munbai ni tsuku no wa nan-ji deshitakke ?

6．ムンバイに着くのは何時でしたっけ？

7．tochū de nanigoto mo nakereba, asa no roku-ji-han goro ni wa tsuku deshō.

7．途中で何事もなければ，朝の６時半頃には着くでしょう。

8．hayaku tsuite kuretara ii no ni. yoake ga machidōshii nā.

8．早く着いてくれたらいいのに。夜明けが待ち遠しいなあ。

9．sate, kono kyūkeijo no resutoran wa nakanaka kirei desu yo.

9．さて，この休憩所のレストランはなかなか綺麗ですよ。

10. हो. चहा पिऊन ताजेतवाने तरी होऊ या.

10. hō. cəhā piūn tāzētəwānē tərī hōū yā.

6 – 5. मनमाड स्टेशनवर गाडी बदलणे

6 – 5. mənmāḍ sṭēśənwər gāḍī bədəlṇē

1. औरंगाबादला जाणारी गाडी कुठे उभी आहे ?

1. əurəṅgābādlā zāṇārī gāḍī kuṭ^{h}ē ub^{h}ī āhē ?

2. अजून ती लागलेली नाही.

2. əzūn tī lāglēlī nāhī.

3. केव्हा येईल ?

3. kēw^{h}ā yēīl ?

4. मघाशी कोणी म्हणत होतं की अजून तीन तास लागतील.

4. məg^{h}āśī kōṇī m^{h}əṇət hōtə̃ kī əzūn tīn tās lāgtīl.

5. अजून तीन तास ? रात्र थंडीची आणि तीन तास या फलाटावर वाट पाहायची ?

5. əzūn tīn tās ? rātrə t^{h}əṇḍīcī āṇi tīn tās yā p^{h}əlāṭāwər wāṭ pāhāycī ?

6. या मोसमात फार थंडी असते. तुमच्याजवळ पांघरायला काही आहे का ?

6. yā mōsmāt p^{h}ār t^{h}əṇḍī əstē. tumcāzəwəḷ pāṅg^{h}rāylā kāhī āhē kā ?

10. sō desu ne. ocha demo nonde genki o tsukemashō.

10. そうですね。お茶でも飲んで元気を付けましょう。

6－5. manmādo-eki de no norikae

6－5. マンマード駅での乗り換え

1. aurangābādo yuki no kisha wa doko deshō？

1. アウランガーバード行きの汽車はどこでしょう？

2. mada kite inai ne.

2. まだ来ていないね。

3. nan-ji goro ni kuru no ka nā？

3. 何時頃に来るのかなあ？

4. sakki dareka ga ato san-jikan gurai to itteta na.

4. さっき誰かがあと3時間ぐらいと言ってたな。

5. ato san-jikan？ konna samui yonaka ni ato san-jikan mo kono purattohōmu de matsu no ka？

5. あと3時間？　こんな寒い夜中にあと3時間もこのプラットホームで待つのか？

6. kono kisetsu wa kekkō hiekomun da. anta, mōhu ka nanka motteru kai？

6. この季節はけっこう冷え込むんだ。あんた，毛布かなんか持ってるかい？

7. नाही, काही नाही. ते लोक बघा कुठे जातायत ?

7. nāhī, kāhī nāhī. tē lōk bəgʰā kuṭʰē zātāyət ?

8. तिकडे उभ्या असलेल्या गाडीकडे जातायत असं दिसतंय. तीच तर आपली गाडी नसेल ना ?

8. tikḍē ubʰyā əslēlyā gāḍīkəḍē zātāyət əsə̄ distə̄y. tīç tər āplī gāḍī nəsēl nā ?

9. पण तिथे फलाटच नाही.

9. pəṇ titʰē pʰəlāṭəç nāhī.

10. फलाट असो नसो, काही हरकत नाही. चला, जाऊन बघू या.

10. pʰəlāṭ əsō nəsō, kāhī hərkət nāhī. çəlā, zāūn bəgʰū yā.

7) स्थलदर्शन

7) stʰəldərśən

7 – 1. औरंगाबादची सहल

7 – 1. əuraṅgābādcī səhəl

1. अजंठा आणि वेरूळच्या सहलीला जाताना मुक्काम करण्यासाठीचं शहर म्हणून औरंगाबाद ओळखलं जातं. पण खुद्द या शहरात प्रेक्षणीय स्थळं नाहीत का ?

1. əjəṇṭʰā āṇi wērūḷcā səhəlīlā zātānā mukkām kərṇyāsāṭʰīçə̄ śəhər mʰəṇūn əuraṅgābād ōḷəkʰlə̄ zātə̄. pəṇ kʰudd yā śəhərāt prēkṣəṇīy stʰəḷə̄ nāhīt kā ?

7. iya, nani mo motte nai. tokorode, ano hitotachi wa doko e ikun darō ?

7. いや，何も持ってない。ところで，あの人達はどこへ行くんだろう？

8. acchi ni tomatteru kisha no hō e iku yō da na. hyotto site, are ga sō kamo shiren.

8. あっちに止まってる汽車の方へ行くようだな。ひょっとして，あれがそうかもしれん。

9. demo, asoko wa purattohōmu ja nai yo.

9. でも，あそこはプラットホームじゃないよ。

10. purattohōmu ga arō to nakarō to, mondai ja nain da. tonikaku, itte miyō.

10. プラットホームがあろうとなかろうと，問題じゃないんだ。とにかく，行ってみよう。

7）観光見物

7）kankō-kenbutsu

7－1. aurangābādo kenbutsu

7－1. アウランガーバード見物

1. aurangābādo wa ajanta to erōra o kenbutsu suru sai no kichi to shite yūmei desu ga, kono machi jitai ni miru beki tokoro wa nai no desu ka ?

1. アウランガーバードはアジャンタとエローラを見物する際の基地として有名ですが，この町自体に見るべき所はないのですか？

2. का नाहीत ? आहेत की. या शहरातसुद्धा अनेक प्रेक्षणीय स्थळं आहेत.	2. kā nāhīt ? āhēt kī. yā śəhərātsuddʰā ənēk prēkṣəṇīy stʰəḷə̄ āhēt.
3. उदाहरणार्थ ?	3. udāhərṇārtʰə ?
4. एक तर बीबी का मकबरा आहे. हा मोगल बादशहा औरंगजेबाच्या राणीचा मकबरा आहे. आग्र्याच्या ताजमहालची ही प्रतिकृती आहे.	4. ēk tər bībī kā məkbərā āhē. hā mōgəl bādśəhā əurəṅgzēbācā rāṇīçā məkbərā āhē. āgryācā tājməhālcī hī prətikrutī āhē.
5. असं ? गंमतच आहे. मोगल बादशहा इथपर्यंत आला होता का ?	5. əsə̄ ? gəmmətəç āhē. mōgəl bādśəhā itʰpəryənt ālā hōtā kā ?
6. हो. खरं म्हणजे या शहराचं नावच औरंगजेबावरून पडलं आहे. त्याची समाधी खुलताबादला आहे.	6. hō. kʰərə̄ mʰəṇjē yā śəhərāçə̄ nāwəç əurəṅgzēbāwərūn pəḍlə̄ āhē. tyācī səmādʰī kʰultābādlā āhē.
7. असं ? मला काही माहीत नव्हतं. आणखी कोणती स्थळं आहेत ?	7. əsə̄ ? məlā kāhī māhīt nəwʰtə̄. āṇkʰī kōṇtī stʰəḷə̄ āhēt ?

2．ieie, mochiron arimasu yo. kono machi ni mo miru beki tokoro wa takusan arimasu.

2．いえいえ，もちろんありますよ。この町にも見るべき所はたくさんあります。

3．tatoeba ?

3．たとえば？

4．mazu, bībī-ka-makubarā desu ne. kore wa mugaru-kōtei auranguzēbu no kisaki no haka nan desu ga, agura no tāji-maharu o sokkuri manete tateta mono desu.

4．まず，ビービー・カ・マクバラーですね。これはムガル皇帝アウラングゼーブの后の墓なんですが，アグラのタージ・マハルをそっくり真似て建てたものです。

5．hēe, omoshirosō desu ne. mugaru-kōtei wa konna tokoro made yatte kita no desu ka ?

5．へーえ，面白そうですね。ムガル皇帝はこんな所までやって来たのですか？

6．sō desu. somosomo kono machi no na wa kare no namae ni yurai shite irun desu. kare jishin no haka mo chikaku no kurutābādo ni arimasu.

6．そうです。そもそもこの町の名は彼の名前に由来しているんです。彼自身の墓も近くのクルターバードにあります。

7．sō desu ka. sore wa igai deshita. hoka ni dō yū tokoro ga arimasu ka ?

7．そうですか。それは意外でした。他にどういう所がありますか？

8. शहराबाहेर टेकडीवर बौद्ध गुंफा आहेत. त्या जरूर पाहा.

8. śəhərābāhēr ṭēkḍīwər bəuddʰə gumpʰā āhēt. tyā zərūr pāhā.

9. अच्छा, मग उद्या सकाळी मी त्या बघायला जाईन.

9. əccʰā, məg udyā səkāḷī mī tyā bəgʰāylā zāīn.

10. टेकडीवरून संपूर्ण शहर आपल्याला पाहता येतं. ते दृश्य फारच सुंदर आहे.

10. ṭēkḍīwərūn səmpūrṇə śəhər āplyālā pāhətā yētə̄. tē druśśə pʰārəç sundər āhē.

7 – 2. वेरूळची लेणी

7 – 2. wērūḷcī lēṇī

1. हे बघा. हेच ते जगप्रसिद्ध वेरूळलेण्यातील कैलासलेणं.

1. hē bəgʰā. hēç tē jəgprəsiddʰ wērūḷlēṇyātīl kəilāslēṇə̄.

2. अहाहा, खरंच फार सुंदर आहे. पाषाणात अशी लेणी कोरणं कल्पनातीत वाटतं.

2. əhāhā, kʰərə̄ç pʰār sundər āhē. pāṣāṇāt əśī lēṇī kōrṇə̄ kəlpənātīt wāṭtə̄.

3. हो, पण डोळ्यांसमोर जे वास्तव आहे त्यावर विश्वास ठेवावा लागतोच ना.

3. hō, pəṇ ḍōḷyāṅsəmōr zē wāstəw āhē tyāwər viśwās ṭʰēwāwā lāgtōç nā.

8. kōgai no oka ni bukkyō-iseki no sekkutsu ga arimasu. kore wa zehi mite kudasai.

8. 郊外の丘に仏教遺跡の石窟があります。これはぜひ見てください。

9. sō desu ka. sore de wa, asu no asa, kenbutsu ni dekakemashō.

9. そうですか。それでは，明日の朝，見物に出かけましょう。

10. oka no ue kara machi ga ichibō dekimasu ga, sono keshiki ga mata subarashiin desu.

10. 丘の上から町が一望できますが，その景色がまた素晴らしいんです。

7－2. erōra sekkutsu

7－2. エローラ石窟

1. saa, ikaga desu ? kore ga sekai ni nadakai erōra no kairāsunāto-jiin desu.

1. さあ，いかがです？　これが世界に名高いエローラのカイラースナート寺院です。

2. iyaa, jitsu ni subarashii. iwayama o horikonde, kō yū mono o tsukuridasu nante, shinjirarenai kurai desu.

2. いやあ，実に素晴らしい。岩山を彫り込んで，こういうものを作り出すなんて，信じられないくらいです。

3. sō deshō. dakedo, kore wa me no mae ni aru genjitsu desu kara, shinjiru shika arimasen.

3. そうでしょう。だけど，これは目の前にある現実ですから，信じるしかありません。

4. साधारणपणे लेणी गुहेत असतात, उदाहरणार्थ अजंठा. पण हे उघड्यावर असल्यामुळे अधिक भव्य वाटतं.

4. sādʰārəṇpəṇē lēṇī guhēt əstāt, udāhərṇārtʰə əjəṇṭʰā. pəṇ hē ugʰḍyāwər əslyāmuḷē ədʰik bʰəvvyə wāṭtə̄.

5. खरं आहे. मागे टेकडीवरून आपल्याला संपूर्ण पाहता येतं.

5. kʰərə̄ āhē. māgē ṭēkḍīwərūn āplyālā səmpūrṇə pāhətā yētə̄.

6. इथे चाकं पण आहेत. रथासारखं काही बनवलं आहे का ?

6. itʰē çākə̄ pəṇ āhēt. rətʰāsārkʰə̄ kāhī bənəwlə̄ āhē kā ?

7. हो, आपण कोणार्कचं सूर्य मंदिर बघितलं असेल. तसंच केलेलं आहे.

7. hō, āpəṇ kōṇārkəçə̄ sūryə məndir bəgʰitlə̄ əsēl. təsə̄ç kēlēlə̄ āhē.

8. प्राचीन काळातल्या लोकांनी अशा सुंदर कलाकृती आपल्यासाठी बनवून ठेवल्या आहेत. आपण त्याबद्दल कृतज्ञता व्यक्त करून नतमस्तक झाले पाहिजे.

8. prācīn kāḷātlyā lōkānnī əśā sundər kəlākrutī āplyāsāṭʰī bənwūn ṭʰēwlyā āhēt. āpəṇ tyābəddəl krutədnyətā vyəktə kərūn nətməstək zʰālē pāhijē.

9. अगदी बरोबर. आपण टेकडीवर चढून बघू या का ?

9. əgdī bərōbər. āpəṇ ṭēkḍīwər çəḍʰūn bəgʰū yā kā ?

4．hutsū, sekkutsu-jiin to yū to ajanta no yōni dōkutsu nan desu ga, kore wa soto ni aru no de totemo yūdaina kanji ga shimasu.

4．普通，石窟寺院というとアジャンタのように洞窟なんですが，これは外にあるのでとても雄大な感じがします。

5．ossharu tōri desu. ushiro no oka no ue kara zentaizō o miru koto ga dekimasu.

5．おっしゃる通りです。うしろの丘の上から全体像を見ることができます。

6．koko ni wa sharin mo arimasu ne. dashi no yōni tsukutte aru no desu ka？

6．ここには車輪もありますね。山車のように作ってあるのですか？

7．hai, konaraku no sūruya-jiin o goran ni natta koto ga aru deshō. are to onaji desu.

7．はい，コナラクのスールヤ寺院をご覧になったことがあるでしょう。あれと同じです。

8．mukashi no hitobito ga kō yū utsukushii geijutsu-sakuhin o nokoshite kureta koto wa hontō ni kansha subeki desu ne.

8．昔の人々がこういう美しい芸術作品を残してくれたことは本当に感謝すべきですね。

9．mattaku sono tōri desu. ja, oka ni nobotte mimashō ka.

9．まったくその通りです。じゃ，丘に上って見ましょうか。

10. हो. आणि नंतर दुसरी लेणी बघायला जाऊ या.

10. hō. āṇi nəntər dusrī lēṇī bəg^{h}āylā zāū yā.

7 — 3. सेवाग्राम

7 — 3. sēwāgrām

1. वर्धा आपल्याला कसं काय वाटलं ?

1. wərd^{h}ā āplyālā kəsə̄ kāy wāṭlə̄ ?

2. पर्यटकाच्या दृष्टीने बघायचं म्हटलं, तर हे शहर अगदी गांधीमय झालेलं वाटतं.

2. pəryəṭkācā druṣṭīnē bəg^{h}āyçə̄ m^{h}əṭlə̄, tər hē śəhər əgdī gānd^{h}īməy z^{h}ālēlə̄ wāṭtə̄.

3. असं ? खरंच वर्ध्याला सेवाग्रामामुळेच महत्त्व प्राप्त झालं आहे.

3. əsə̄ ? k^{h}ərə̄ç wərd^{h}yālā sēwāgrāmāmuḷēç məhəttwə prāptə z^{h}ālə̄ āhē.

4. मी ऐकलंय की हा आश्रम गांधीजींच्या चळवळीचं केंद्र होतं.

4. mī əiklə̄y kī hā āśrəm gānd^{h}ijīñcā çəḷwəḷīçə̄ kēndrə hōtə̄.

5. हो. आपल्या आयुष्याची शेवटची पंधरा वर्षं त्यांनी इथून चळवळ चालवली होती.

5. hō. āplyā āyuṣṣācī śēwəṭcī pənd^{h}rā wərṣə̄ tyānnī it^{h}ūn çəḷwəḷ çāləwlī hōtī.

10. hai. sore kara, hoka no sekkutsu o mi ni ikimashō.

10. はい。それから，他の石窟を見に行きましょう。

7－3． sēwā-gurāmu

7－3． セーワー・グラーム

1．warudā no inshō wa ikaga desu ka ?

1．ワルダーの印象はいかがですか？

2．kankōkyaku kara miru to, mahātomā-gāndī isshoku no machi desu ne.

2．観光客から見ると，マハートマー・ガーンディー一色の町ですね。

3．sō desu ka. tashikani sēwā-gurāmu no sonzai wa ōkii desu kara ne.

3．そうですか。確かにセーワー・グラームの存在は大きいですからね。

4．kono āshuramu ga gāndī no undō no chūshin datta to kikimashita ga.

4．このアーシュラムがガーンディーの運動の中心だったと聞きましたが。

5．sō desu. bannen no jūgo-nenkan, kare wa koko o undō no kyoten ni shite imashita.

5．そうです。晩年の15年間，彼はここを運動の拠点にしていました。

6. इथल्या संग्रहालयात कोणकोणत्या वस्तू ठेवल्या आहेत ?

6. itʰlyā səṅgrəhāləyāt kōṇkōṇtyā wəstū ṭʰēwlyā āhēt ?

7. इथे गांधीजींच्या कल्पनेतील आदर्श गाव बनवलेलं आहे.

7. itʰē gāndʰījīñcā kəlpənētīl ādərśə gāw bənəwlēlə̄ āhē.

8. विनोबा भावेही इथेच राहात होते का ?

8. vinōbā bʰāwēhī itʰēc̣ rāhāt hōtē kā ?

9. नाही, विनोबा भावे यांचा आश्रम इथून काही अंतरावर पवनारला आहे.

9. nāhī, vinōbā bʰāwē yāñc̣ā āśrəm itʰūn kāhī əntrāwər pəunārlā āhē.

10. त्यांच्या भूदान आंदोलनाविषयी आकर्षण असल्यामुळे मला तिथेही जायचं आहे.

10. tyāñcā bʰūdān āndōlnāviṣəyī ākərṣəṇ əslyāmuḷē məlā titʰēhī zāyc̣ə̄ āhē.

7 – 4. पुण्याची सहल

7 – 4. puṇyācī səhəl

1. बघा, हाच शनिवार वाडा.

1. bəgʰā, hāc śəniwār wāḍā.

6. koko no hakubutsukan ni wa dō yū mono ga tenji shite aru no desu ka ?

6. ここの博物館にはどういうものが展示してあるのですか？

7. koko ni wa gāndī no kangaeru risōteki na nōson no sugata ga shimesarete imasu.

7. ここにはガーンディーの考える理想的な農村の姿が示されています。

8. vinōbā-bāvē mo koko ni ita no desu ka ?

8. ヴィノーバー・バーヴェーもここにいたのですか？

9. iie, vinōbā-bāvē no āshuramu wa koko kara sukoshi hanareta paunāru to yū tokoro ni arimasu.

9. いいえ，ヴィノーバー・バーヴェーのアーシュラムはここから少し離れたパウナールという所にあります。

10. watashi wa kare no būdān-undō ni kyōmi ga aru node, soko mo otozurete mitai to omotte imasu.

10. 私は彼のブーダーン運動に興味があるので，そこも訪れてみたいと思っています。

7－4. punē-kenbutsu

7－4. プネー見物

1. kore ga shaniwāru- wādā desu.

1. これがシャニワール・ワーダーです。

2. बाहेरनं फार भव्य दिसतो, पण आतमध्ये विशेष काही नाही. हा काय प्रकार आहे ?

2. bāhērnə̄ p^{h}ār b^{h}əvvyə distō, pəṇ ātmədʰyē viśēṣ kāhī nāhī. hā kāy prəkār āhē ?

3. पूर्वी आतमध्येही भव्य वास्तू होती. पण ती आग लागल्याने नाहीशी झाली असं ऐकिवात आहे.

3. pūrvī ātməd^{h}yēhī b^{h}əvvyə wāstū hōtī. pəṇ tī āg lāglyānē nāhīśī z^{h}ālī əsə̄ əikiwāt āhē.

4. असं होय ? इथे मराठेशाहीचे पेशवे राहात होते ना ?

4. əsə̄ hōy ? it^{h}ē mərāṭ^{h}ēśāhīçē pēśwē rāhāt hōtē nā ?

5. हो. अलीकडेच नगरपालिकेने आजूबाजूचा परिसर छान केला आहे. ध्वनिप्रकाशकार्यक्रमपण सुरू केला आहे.

5. hō. əlīkəḍēç nəgərpālikēnē āzūbāzūçā pərisər c^{h}ān kēlā āhē. d^{h}wəniprəkāśkāryəkrəmpəṇ surū kēlā āhē.

6. याच्याव्यतिरिक्त पेशवेकालीन एखादी प्रातिनिधिक वास्तू नाही का ?

6. yācāvyətiriktə pēśwēkālīn ēk^{h}ādī prātinid^{h}ik wāstū nāhī kā ?

7. हो, आहे ना. त्या काळातल्या श्रीमंतांच्या मोठ्या इमारतींपैकी सदाशिव पेठेतला विश्रामबागवाडा शिल्लक राहिलेला आहे.

7. hō, āhē nā. tyā kāḷātlyā śrīməntāñcā mōṭ^{h}yā imārtīmpəikī sədāśiw pēṭ^{h}ētlā viśrāmbāgwāḍā śilllək rāhilēlā āhē.

2. soto wa rippa desu ga, naka wa nani mo nain desu ne. dō shitan desu ka ?

2. 外は立派ですが，中は何もないんですね。どうしたんですか？

3. saisho wa naka ni mo rippana tatemono ga atta no desu ga, kaji de yakete nakunatta to yū koto desu.

3. 最初は中にも立派な建物があったのですが，火事で焼けてなくなったということです。

4. sō desu ka. koko ni marātā-ōkoku no saishō ga sunde ita no desu ne ?

4. そうですか。ここにマラーター王国の宰相が住んでいたのですね？

5. hai. saikin, shi-tōkyoku wa shūhen o kirei ni shite, hikari to oto no shō o hajimemashita.

5. はい。最近，市当局は周辺を綺麗にして，光と音のショーを始めました。

6. kono hoka ni pēshuwā-jidai no daihyōteki na tatemono wa nokotte nai no desu ka ?

6. この他にペーシュワー時代の代表的な建物は残ってないのですか？

7. iie, arimasu yo. tōji no kizoku no ōkina tatemono de wa sadāshivu-pēto no vishurāmubāgu-wādā ga nokotte imasu.

7. いいえ，ありますよ。当時の貴族の大きな建物ではサダーシヴ・ペートのヴィシュラームバーグ・ワーダーが残っています。

8. बरं, यानंतर काय काय पाहायचं आहे ?

8. bərə̄, yānəntər kāy kāy pəhāyçə̄ āhē ?

9. तळघरात असलेलं अद्भुत असं पाताळेश्वर मंदिर आणि केळकर वस्तुसंग्रहालय बघायचं आहे.

9. təḷgʰərāt əslēlə̄ ədbʰut əsə̄ pātāḷēśwər məndir āṇi kēḷkər wəstusəṅgrəhāləy bəgʰāyçə̄ āhē.

10. वेळ राहिला तर आगाखान पॅलेसही पाहायची इच्छा आहे.

10. wēḷ rāhilā tər āgākʰān pæleshī pāhāycī iccʰā āhē.

7 – 5. थंड हवेचं ठिकाण महाबळेश्वर

7 – 5. tʰəṇḍ həwēçə̄ ṭʰikāṇ məhābəḷēśwər

1. इथली हवा खरोखरच थंड आहे.

1. itʰlī həwā kʰərōkʰərəç tʰəṇḍ āhē.

2. हो. काही म्हटलं तरी महाबळेश्वर हे महाराष्ट्रातलं सगळ्यात प्रसिद्ध असं थंड हवेचं ठिकाण आहे.

2. hō. kāhī mʰəṭlə̄ tərī məhābəḷēśwər hē məhārāṣṭrātlə̄ səgḷyāt prəsiddʰ əsə̄ tʰəṇḍ həwēçə̄ ṭʰikāṇ āhē.

3. हा भाग केव्हापासून विश्रांतिस्थळ म्हणून उपयोगात यायला लागला ?

3. hā bʰāg kēwʰāpāsūn viśrāntistʰəḷ mʰəṇūn upəyōgāt yāylā lāglā ?

8. sate, kono tsugi wa nani o miru yotei desu ka ?

8. さて，この次は何を見る予定ですか？

9. chika ni jiin ga aru to yū mezurashii pātārēshuwaru-jiin to kērukaru-hakubutsukan desu.

9. 地下に寺院があるという珍しいパーターレーシュワル寺院とケールカル博物館です。

10. moshi jikan ga areba, āgā-kān-paresu mo mite mitai desu ne.

10. もし時間があれば，アーガー・カーン・パレスも見てみたいですね。

7－5. hishochi mahābarēshuwaru

7－5. 避暑地マハーバレーシュワル

1. koko wa sasuga ni suzushii desu ne.

1. ここはさすがに涼しいですね。

2. hai, nan to itte mo mahābarēshuwaru wa mahārāshutora-shū zuiichi no hishochi desu kara.

2. はい，何と言ってもマハーバレーシュワルはマハーラーシュトラ州随一の避暑地ですから。

3. kono atari wa itsu goro kara hishochi to shite riyō sareru yōni natta no desu ka ?

3. この辺りはいつ頃から避暑地として利用されるようになったのですか？

4. इथे पूर्वीपासून मंदिर वगैरे होतं. विश्रांतिस्थळ म्हणून मात्र इंग्रजांनीच या भागाचा विकास केला.

4. it^{h}ē pūrvīpāsūn məndir wəgəirē hōtə̄. viśrāntist^{h}əḷ m^{h}əṇūn mātrə iṅgrəzānnīç yā b^{h}āgāçā vikās kēlā.

5. तर मग, मुंबईजवळचं माथेरान आणि खंडाळा यांच्यासारखंच हे आहे का ?

5. tər məg, mumbəīzəwəḷçə̄ māt^{h}ērān āṇi k^{h}əṇḍāḷā yāñcāsārk^{h}ə̄ç hē āhē kā ?

6. हो, बरोबर.

6. hō, bərōbər.

7. इथे जवळच एक प्रसिद्ध गड आहे असं मी ऐकलंय.

7. it^{h}ē zəwəḷəc ēk prəsidd^{h} gəḍ āhē əsə̄ mī əiklə̄y.

8. हो, प्रतापगड आहे. शिवाजी महाराजांनी असे अनेक गड जिंकून घेतले होते.

8. hō, prətāpgəḍ āhē. śiwājī məhārājānnī əsē ənēk gəḍ jiṅkūn g^{h}ētlē hōtē.

9. त्या गडावर सहजपणे चढता येतं का ?

9. tyā gəḍāwər səhəzpəṇē çəḍ^{h}tā yētə̄ kā ?

10. हो, वाटतं त्यापेक्षा सहजपणे चढून जाता येतं. देखावापण चांगला आहे. आपण अवश्य जावं.

10. hō, wāṭtə̄ tyāpēkṣā səhəzpəṇē çəḍ^{h}ūn zātā yētə̄. dēk^{h}āwāpəṇ çāṅglā āhē. āpəṇ əwəśśə zāwə̄.

4. koko ni wa mukashi kara otera nado ga atta no desu ga, hishochi to shite wa igirisu-jin ga kaihatsu shita no desu.

4. ここには昔からお寺などがあったのですが，避暑地としてはイギリス人が開発したのです。

5. suru to, munbai ni chikai mātēran ya kandārā nado to onaji desu ka ?

5. すると，ムンバイに近いマーテーランやカンダーラーなどと同じですか？

6. hai, sō yū koto desu.

6. はい，そういうことです。

7. kono chikaku ni yūmeina yamajiro ga aru to kikimashita ga.

7. この近くに有名な山城があると聞きましたが。

8. hai, puratāpugaru desu. shivājī wa kō yū yamajiro o takusan kachitorimashita.

8. はい，プラタープガルです。シヴァージーはこういう山城をたくさん勝ち取りました。

9. sono shiro ni wa kantanni nobotte ikemasu ka ?

9. その城には簡単に登って行けますか？

10. hai, asoko wa hikakuteki kantanni noboremasu. nagame mo ii desu kara, zehi, irashite kudasai.

10. はい，あそこは比較的簡単に登れます。眺めもいいですから，ぜひ，いらしてください。

8) आजार

8) āzār

8 – 1. आजाराविषयी सांगणे

8 – 1. āzārāviṣəyī sāṅgnē

1. आपल्याला काय झालंय ?

1. āplyālā kāy zʰāləy ?

2. डॉक्टर, मी अतिसाराने हैराण झालोय / झालेय.

2. ḍōkṭər, mī ətisārānē həirāṇ zʰālōy / zʰālēy.

3. असं ? केव्हापासून ?

3. əsə ? kēwʰāpāsūn ?

4. काल रात्रीपासून.

4. kāl rātrīpāsūn.

5. ताप आहे का ?

5. tāp āhē kā ?

6. ताप तसा विशेष नाही. पण कधीकधी उलटी होते आणि छातीत जळजळ.

6. tāp təsā viśēṣ nāhī. pəṇ kədʰīkədʰī ulṭī hōtē āṇi cʰātīt zəḷzəḷ.

7. सांधे दुखतायत का किंवा थकवा वगैरे जाणवतो का ?

7. sāndʰē dukʰtāyət kā kiw̃wā tʰəkwā wəgəirē zāṇəwtō kā ?

8）病　気

8）byōki

8－1．byōjō o setsumei suru

8－1．病状を説明する

1．dō nasaimashita ?

1．どうなさいました？

2．sensei, hidoi geri de komatte imasu.

2．先生，ひどい下痢で困っています。

3．hō, itsu kara desu ka ?

3．ほう，いつからですか？

4．kinō no yoru kara desu.

4．昨日の夜からです。

5．netsu wa dō desu ka ?

5．熱はどうですか？

6．netsu wa toku ni arimasen ga, tokidoki hakike ga shite, mune ga mukatsukimasu.

6．熱は特にありませんが，時々吐き気がして，胸がむかつきます。

7．kansetsu ga itai toka, karada ga darui toka yū koto wa arimasen ka ?

7．関節が痛いとか，体がだるいとかいうことはありませんか？

8. सांधे तर बरे आहेत, पण थकवा खूप जाणवतो.

8. sānd^{h}ē tər bərē āhēt, pəṇ t^{h}əkwā k^{h}ūp zāṇəwtō.

9. औषध लिहून देतो. दुकानातून विकत घ्या. आज पूर्ण दिवस विश्रांती घ्या.

9. əuṣəd^{h} lihūn dētō. dukānātūn vikət g^{h}yā. āz pūrṇə diwəs viśrāntī g^{h}yā.

10. हो. धन्यवाद.

10. hō. d^{h}ənnyəwād.

8 – 2. औषधाच्या दुकानात

8 – 2. əuṣəd^{h}ācā dukānāt

1. सर्दीवर औषध द्या.

1. sərdīwər əuṣəd^{h} dyā.

2. प्रिस्क्रिप्शन आहे का आपल्याजवळ ?

2. priskripśən āhē kā āplyāzəwəḷ ?

3. नाही, प्रिस्क्रिप्शन नाही. प्रिस्क्रिप्शनशिवाय औषध मिळणार नाही का ?

3. nāhī, priskripśən nāhī. priskripśənśiwāy əuṣəd^{h} miḷṇār nāhī kā ?

4. नाही, मिळेल ना. खोकला येतो का ?

4. nāhī, miḷēl nā. k^{h}ōklā yētō kā ?

8. kansetsu wa daijōbu desu ga, tsukare ga tamatte iru yōna kanji ga arimasu.

8. 関節は大丈夫ですが，疲れがたまっているような感じがあります。

9. shohōsen o kaite agemasu kara, yakkyoku de katte kudasai. kyō ichi-nichi wa yukkuri kyūyō suru koto desu.

9. 処方箋を書いてあげますから，薬局で買ってください。今日一日はゆっくり休養することです。

10. hai, wakarimashita. dōmo arigatō gozaimashita.

10. はい，分かりました。どうもありがとうございました。

8－2. yakkyoku de

8－2. 薬局で

1. kazegusuri o kudasai.

1. 風邪薬をください。

2. shohōsen wa omochi desu ka?

2. 処方箋はお持ちですか？

3. iie, shohōsen wa arimasen. shohōsen ga nai to kaemasen ka?

3. いいえ，処方箋はありません。処方箋がないと買えませんか？

4. iya, daijōbu desu. seki wa demasu ka?

4. いや，大丈夫です。咳は出ますか？

5. खोकला विशेष नाही. पण थोडा ताप आहे. नाक गळतंय.	5. kʰōklā viśēṣ nāhī. pəṇ tʰōḍā tāp āhē. nāk gəḷtəy.
6. हे औषध चालेल. यामुळे आपण नक्कीच बरे / बऱ्या व्हाल. नाही तर मग डॉक्टरकडे जा.	6. hē əuṣədʰ çālēl. yāmuḷē āpəṇ nəkkīç bərē / bəryā wʰāl. nāhī tər məg ḍōkṭərkəḍē zā.
7. ठीक आहे, आणि खरचटण्यावर काही औषध आहे का ?	7. ṭʰīk āhē, āṇi kʰərçəṭṇyāwər kāhī əuṣədʰ āhē kā ?
8. अरे, आपल्याला खरचटलंय का ?	8. ərē, āplyālā kʰərçəṭləy kā ?
9. हो, मघाशी बसमधून उतरताना पडलो / पडले. कोपराला आणि गुडघ्याला खरचटलंय.	9. hō, məgʰāśī bəsmədʰūn utərtānā pəḍlō / pəḍlē. kōprālā āṇi guḍgʰyālā kʰərçəṭləy.
10. अरेरे, जेथे खरचटलं तो भाग नीट धुवून काढा आणि मग हे औषध लावा.	10. ərērē, jētʰē kʰərçəṭlə tō bʰāg nīṭ dʰuwūn kāḍʰā āṇi məg hē əuṣədʰ lāwā.

5. seki wa amari demasen ga, binetsu ga atte, hanamizu ga hidoin desu.	5. 咳はあまり出ませんが，微熱があって，鼻水がひどいんです。
6. kono kusuri ga ii deshō. kore de daijōbu no hazu desu ga, yoku naranakereba, oishasan ni mite moratte kudasai.	6. この薬がいいでしょう。これで大丈夫の筈ですが，良くならなければ，お医者さんに診てもらってください。
7. wakarimashita. sore kara, surikizu ni nanika kusuri o kudasai.	7. 分かりました。それから，擦り傷に何か薬をください。
8. oya, kega o nasattan desu ka ?	8. おや，怪我をなさったんですか？
9. sakki, basu kara oriru toki ni koronde hiza ya hiji o surimuitan desu.	9. さっき，バスから降りる時に転んで膝や肘を擦り剥いたんです。
10. sore wa sainan deshita ne. kizuguchi o yoku aratte kara, kono kusuri o tsukete kudasai.	10. それは災難でしたね。傷口をよく洗ってから，この薬を付けてください。

8 – 3. आयुर्वेदासंबंधी	**8 – 3.** āyurwēdāsəmbənd^{h}ī
1. का हो, घेत का नाही ? अजून घ्या ना.	1. kā hō, g^{h}ēt kā nāhī ? əzūn g^{h}yā nā.
2. खरं तर माझं पोट बरं नाही.	2. k^{h}ərə̄ tər māz^{h}ə̄ pōṭ bərə̄ nāhī.
3. असं ? पण घाबरू नका. मी घरी तयार केलेलं औषध देतो / देते.	3. əsə̄ ? pəṇ g^{h}ābrū nəkā. mī g^{h}ərī təyār kēlēlə̄ əuṣəd^{h} dētō / dētē.
4. आपण स्वतः औषध तयार करता का ?	4. āpəṇ swətəhə əuṣəd^{h} təyār kərtā kā ?
5. अगदी औषध म्हणता येईल असं विशेष नाही. मीठ, मिरी, आणि सुंठ यांचं मिश्रण आहे. पोटासाठी चांगलं आहे.	5. əgdī əuṣəd^{h} m^{h}əṇtā yēīl əsə̄ viśēṣ nāhī. mīṭ^{h}, mirī, āṇi suṇṭ^{h} yāñçə̄ miśrəṇ āhē. pōṭāsāṭ^{h}ī çāṅglə̄ āhē.
6. भारतातल्या लोकांना घरगुती औषधांची खूप माहिती असते. याचा आयुर्वेदाशी काही संबंध आहे का ?	6. b^{h}ārtātlyā lōkānnā g^{h}ərgutī əuṣəd^{h}āñcī k^{h}ūp māhitī əstē. yāçā āyurwēdāśī kāhī səmbənd^{h} āhē kā ?

8－3. āyuruvēda ni tsuite

8－3. アーユルヴェーダについて

1. oya, shokuji ga susumimasen ne. motto omeshiagari kudasai.

1. おや，食事が進みませんね。もっとお召し上がりください。

2. jitsu wa onaka no chōshi ga yokunai no desu.

2. 実はおなかの調子が良くないのです。

3. sō desu ka. demo, goshinpai naku. jikasei no kusuri ga arimasu kara.

3. そうですか。でも，ご心配なく。自家製の薬がありますから。

4. gojibun de kusuri o otsukuri ni naru no desu ka ?

4. ご自分で薬をお作りになるのですか？

5. kusuri to ieru hodo tokubetsu na mono de wa arimasen ga, shio to koshō to hoshishōga kara tsukutta mono de, onaka ni iin desu yo.

5. 薬と言えるほど特別なものではありませんが，塩と胡椒と干し生姜から作ったもので，おなかにいいんですよ。

6. indo no hito wa jikasei-gusuri no koto ni kuwashii desu ne. sore wa āyuruvēda to nanika kankei ga aru no desu ka ?

6. インドの人は自家製薬のことに詳しいですね。それはアーユルヴェーダと何か関係があるのですか？

7. हो, आहे ना. खाण्याच्या कोणत्या वस्तूत कोणता गुण आहे याचं ज्ञान हाच आयुर्वेदाचा आधार आहे.

7. hō, āhē nā. kʰāṇyācā kōṇtyā wəstūt kōṇtā guṇ āhē yāçə dnyān hāç āyurwēdāçā ādʰār āhē.

8. तर मग रोजच्या जेवण्याच्या बाबतीतही कुतूहल निर्माण होत असेल, नाही का ?

8. tər məg rōzcā jēwṇyācā bābtīthī kutūhəl nirmāṇ hōt əsēl, nāhī kā ?

9. फक्त जेवणातच नव्हे, जीवनातल्या प्रत्येक बाबीत आरोग्याच्या दृष्टीने सावधानता पाळावी असं आयुर्वेद सांगतो. आयुष्य वाढण्याची विद्या असाच त्याचा अर्थ आहे.

9. pʰəktə jēwṇātəç nəwʰē, jīwnātlyā prəttyēk bābīt ārōggyācā druṣṭīnē sāwdʰāntā pāḷāvī əsə̄ āyurwēd sāṅgtō. āyuṣṣə wāḍʰṇyācī viddyā əsāç tyāçā ərtʰə āhē.

10. असं होय. तर मग अशी विद्या अवश्य शिकून घेतली पाहिजे.

10. əsə̄ hōy. tər məg əśī viddyā əwəśśə śikūn gʰētlī pāhijē.

8 – 4. दवाखान्यातल्या रोग्याला भेट

8 – 4. dəwākʰānyātlyā rōgyālā bʰēṭ

1. काय झालं होतं ?

1. kāy zʰālə̄ hōtə̄ ?

7．sō desu. dono tabemono ni donna kōka ga aru ka ni tsuite no chishiki wa āyuruvēda no kihon nan desu.

8．suruto, mainichi no shokuji ni mo kyōmi ga wakimasu ne.

9．shokuji dake de wa arimasen. seikatsu no arayuru men de no kenkō ni taisuru kokorozukai o āyuruvēda wa oshiete imasu. chōju no chishiki to yū imi desu kara ne.

10．naruhodo. sō yū chishiki wa zehi manande okitai desu ne.

8－4．byōin de no omimai

1．dō nasattan desu ka？

7．そうです。どの食べ物にどんな効果があるかについての知識はアーユルヴェーダの基本なんです。

8．すると，毎日の食事にも興味がわきますね。

9．食事だけではありません。生活のあらゆる面での健康に対する心遣いをアーユルヴェーダは教えています。長寿の知識という意味ですからね。

10．なるほど。そういう知識はぜひ学んでおきたいですね。

8－4．病院でのお見舞い

1．どうなさったんですか？

2. विशेष काही नाही. ॲपेन्डिसाइटिस झाला होता.

2. viśēṣ kāhī nāhī. æpēṇḍisāiṭis zʰālā hōtā.

3. इथे केव्हा आलात ? आम्हाला काहीच माहीत नव्हतं.

3. itʰē kēwʰā ālāt ? āmʰālā kāhīç māhīt nəwʰtə̄.

4. जवळजवळ एक आठवडा झाला. माझ्यामुळे आपल्याला उगाचच त्रास झाला.

4. zəwəḷzəwəḷ ēk āṭʰəwḍā zʰālā. mājʰāmuḷē āplyālā ugāçəç trās zʰālā.

5. हे काय भलतंच ? बरं, ऑपरेशन कसं झालं ?

5. hē kāy bʰəltə̄ç ? bərə̄, ɔ̄prēśən kəsə̄ zʰālə̄ ?

6. ठीक झालं. प्रकृती सुधारतेय. आता लवकरच सोडतील.

6. ṭʰīk zʰālə̄. prəkrutī sudʰārtēy. ātā ləwkərəç sōḍtīl.

7. हे तर फार बरं झालं. काही मदत हवी का ? कसलाही संकोच न बाळगता सांगा.

7. hē tər pʰār bərə̄ zʰālə̄. kāhī mədət həvī kā ? kəslāhī səṅkōc na bāḷəgtā sāṅgā.

2．taishita koto wa arimasen. mōchō nandesu.

2．大したことはありません。盲腸なんです。

3．itsu nyūin saretan desu ka？ chittomo shirimasen deshita.

3．いつ入院されたんですか？ ちっとも知りませんでした。

4．mō isshūkan hodo ni narimasu. goshinpai bakari okake shite, sumimasen.

4．もう１週間ほどになります。ご心配ばかりお掛けして，すみません。

5．ieie, tondemo nai. tokorode, shujutsu wa ikaga deshita ka？

5．いえいえ，とんでもない。ところで，手術はいかがでしたか？

6．shujutsu wa buji ni seikō shimashita. keika mo ryōkō desu kara, mō jiki taiin dekiru to omoimasu.

6．手術は無事に成功しました。経過も良好ですから，もうじき退院できると思います。

7．sore wa yokatta desu ne. nanika otetsudai suru koto wa arimasen ka？ goenryo naku osshatte kudasai.

7．それはよかったですね。何かお手伝いすることはありませんか？ ご遠慮なくおっしゃってください。

8 . थँक यू, पण आता तशी काही गरज पडणार नाही.

8 . t^{h}æṅk yū, pəṇ ātā təśī kāhī gərəz pəḍṇār nāhī.

9 . तर मग लवकर बरे / बऱ्या व्हा आणि घरी या.

9 . tər məg ləwkər bəre / bəryā w^{h}ā āṇi g^{h}ərī yā.

10. थँक यू, सगळ्यांना माझा नमस्कार सांगा.

10. t^{h}æṅk yū. səgḷyānnā māz^{h}ā nəməskār sāṅgā.

8 – 5 . दवाखान्यातून सुट्टी

8 – 5 . dəwāk^{h}ānyātūn suṭṭī

1 . बोला, प्रकृती कशी आहे ? अजून त्रास होतोय का ?

1 . bōlā, prəkrutī kəśī āhē ? əzūn trās hōtōy kā ?

2 . नाही डॉक्टर, आता मी बिलकूल ठीक झालोय / झालेय असं वाटतं.

2 . nāhī ḍōkṭər, ātā mī bilkūl ṭ^{h}īk z^{h}ālōy / z^{h}ālēy əsə wāṭṭə.

3 . उत्तम. कालच्या तपासणीवरनं आता आपलं सगळं ठीक दिसतंय.

3 . uttəm. kālcā təpāsṇīwərnə ātā āplə səgḷə ṭ^{h}īk distəy.

4 . तर मग मला घरी केव्हा सोडणार ?

4 . tər məg məlā g^{h}ərī kēw^{h}ā sōḍṇār ?

8. dōmo sumimasen. toku ni onegai suru koto wa arimasen.

8. どうもすみません。特にお願いすることはありません。

9. sore ja, hayaku yoku natte taiin shite kudasai.

9. それじゃ，早く良くなって退院してください。

10. dōmo arigatō gozaimasu. minasan ni yoroshiku otsutae kudasai.

10. どうもありがとうございます。皆さんによろしくお伝えください。

8－5. taiin

8－5. 退院

1. saa, ikaga desu? mada dokoka owarui desu ka?

1. さあ，いかがです？ まだどこかお悪いですか？

2. iie, sensei. mō sukkari yoku natta yōna ki ga shimasu.

2. いいえ，先生。もうすっかり良くなったような気がします。

3. kekkō desu. kinō no kensa no kekka o miru to, doko ni mo ijō wa miatarimasen.

3. 結構です。昨日の検査の結果を見ると，どこにも異常は見当たりません。

4. sore de wa, taiin wa itsu goro ni naru deshō ka?

4. それでは，退院はいつ頃になるでしょうか？

5. आपण केव्हाही घरी जाऊ शकता.	5. āpəṇ kēwʰāhī gʰərī zāū śəktā.
6. थँक यू, डॉक्टर. मग मला उद्या सोडा. तेव्हा दवाखान्यात राहिल्याचं प्रमाणपत्रही मिळेल का ?	6. tʰæṅk yū, ḍōkṭər. məg məlā udyā sōḍā. tēwʰā dəwākʰānyāt rāhilyāçə̄ prəmāṇpəttrəhī miḷēl kā ?
7. ते कशासाठी हवंय ?	7. tē kəśāsāṭʰī həwə̄y ?
8. विमा कंपनीकडनं पैसे मागण्यासाठी अर्ज करायचा आहे त्यासाठी हवंय.	8. vimā kəmpənīkəḍnə̄ pəisē māgṇyāsāṭʰī ərzə kərāyçā āhē tyāsāṭʰī həwə̄y.
9. असं होय. त्यासाठी आपण कार्यालयातल्या अधिकाऱ्याला सांगा. लगेच मिळेल.	9. əsə̄ hōy. tyāsāṭʰī āpəṇ kāryāləyātlyā ədʰikāryālā sāṅgā. ləgēç miḷēl.
10. बरं. आपले फार उपकार झाले. थँक यू.	10. bərə̄. āplē pʰār upəkār zʰālē. tʰæṅk yū.

5. itsu de mo taiin dekimasu yo.

5. いつでも退院できますよ。

6. arigatō gozaimasu. soreja, ashita taiin shimasu no de, nyūin no shōmeisho o tsukutte itadakemasu ka ?

6. ありがとうございます。それじゃ，明日退院しますので，入院の証明書を作っていただけますか？

7. nani ni otsukai ni narun desu ?

7. 何にお使いになるんです？

8. hokenkin no uketori no shinsei ni hitsuyōna no desu.

8. 保険金の受け取りの申請に必要なのです。

9. naruhodo. sore wa jimu no hō ni itte itadakereba, kakari no mono ga sugu ni otsukuri itashimasu.

9. なるほど。それは事務の方に言っていただければ，係りの者がすぐにお作りいたします。

10. sō desu ka. iroiro osewa ni narimashite, dōmo arigatō gozaimashita.

10. そうですか。いろいろお世話になりまして，どうもありがとうございました。

9) बँक, पोस्ट, दूरध्वनी

9) bæṅk, pōsṭ, dūrəd^{h}wənī

9 – 1. बँकेत

1. इथे डॉलर रुपयात बदलता येतात का ?

2. वरच्या मजल्यावर काउंटर आहे. तिथे बदलता येतील.

3. हा प्रवासी चेक रुपयात बदलायचाय. एकशेपन्नास डॉलरचा आहे.

4. हा फॉर्म भरा, आणि चेकवर सही करा.

5. ठीक आहे का ?

6. याच्या मागेही सही करा.

9 – 1. bæṅkēt

1. it^{h}ē ḍōlər rupəyāt bədəltā yētāt kā ?

2. wərcā məzlyāwər kāuṇṭər āhē. tit^{h}ē bədəltā yētīl.

3. hā prəwāsī cēk rupəyāt bədlāyçāy. ēkśēpənnās ḍōlərçā āhē.

4. hā fōrm b^{h}ərā, āṇi cēkwər səhī kərā.

5. ṭ^{h}īk āhē kā ?

6. yācā māgēhī səhī kərā.

9）銀行，郵便局，電話

9）ginkō, yūbinkyoku, denwa

9－1．ginkō de

1．doru o rupī ni kaetai no desu ga.

2．ni-kai ni madoguchi ga arimasu. soko de kaeraremasu.

3．kono tīshī o kankin shitai no desu ga. hyaku gojū doru arimasu.

4．kono yōshi ni kinyū shite kudasai. sore kara, chekku ni sain o shite kudasai.

5．kore de ii desu ka ?

6．kono ura ni mo sain shite kudasai.

9－1．銀行で

1．ドルをルピーに替えたいのですが。

2．2階に窓口があります。そこで替えられます。

3．このT.C.を換金したいのですが。150ドルあります。

4．この用紙に記入してください。それから，チェックにサインをしてください。

5．これでいいですか？

6．この裏にもサインしてください。

7. सही केली. विदेशी मुद्रा बदलल्याचं प्रमाणपत्रही मिळेल ना ?

7. səhī kēlī. vidēśī muddrā bədəllyāçə prəmāṇpəttrəhī miḷēl nā ?

8. मिळेल की. हे टोकन घ्या, आणि तिसऱ्या क्रमांकाच्या खिडकीजवळ थांबा.

8. miḷēl kī. hē ṭōkən g^{h}yā, āṇi tisryā krəmāṅkācā k^{h}iḍkīzəwəḷ t^{h}āmbā.

9. कशाकशा नोटा हव्यात ?

9. kəśākəśā nōṭā həvyāt ?

10. पाचशे रुपयांच्या सहा, शंभर रुपयांच्या वीस, आणि बाकी दहा रुपयांच्या नोटा द्या.

10. pāçśē rupəyāñcā səhā, śəmb^{h}ər rupəyāñcā vīs, āṇi bākī dəhā rupəyāñcā nōṭā dyā.

9 – 2. पोस्ट ऑफिसात

9 – 2. pōsṭ ɔfisāt

1. या पाकिटावर किती तिकिटं लावायची ? एअर मेल आहे.

1. yā pākiṭāwər kitī tikiṭə lāwāycī ? eər mēl āhē.

2. कुठे पाठवायचंय ? जपान का ? जपानसाठी पावणेअठरा रुपयांची तिकिटं लावा.

2. kuṭ^{h}ē pāṭ^{h}wāyçəy ? jəpān kā ? jəpānsāṭ^{h}ī pāwṇēəṭ^{h}rā rupəyāñcī tikiṭə lāwā.

7. sain shimashita. kankin-shōmeisho wa itadakemasu yo ne?	7. サインしました。換金証明書はいただけますよね？
8. mochiron desu. kono bangō-huda o motte, san-ban no madoguchi de omachi kudasai.	8. もちろんです。この番号札を持って，3番の窓口でお待ちください。
9. osatsu no shurui wa dō shimasu ka?	9. お札の種類はどうしますか？
10. gohyaku rupī satsu o roku-mai, hyaku rupī satsu o nijū-mai, ato wa jū rupī satsu ni shite kudasai.	10. 500ルピー札を6枚，100ルピー札を20枚，あとは10ルピー札にしてください。

9－2. yūbinkyoku de

9－2. 郵便局で

1. kono hūsho no kittedai wa ikura desu ka? eamēru desu.	1. この封書の切手代はいくらですか？ エアメールです。
2. atesaki wa doko desu ka? nihon desu ka? nihon wa jūnana-rupī nanajūgo-paisa desu.	2. 宛先はどこですか？ 日本ですか？ 日本は17ルピー75パイサです。

3. पोस्टकार्डाला किती लागतात ?

3. pōsṭkārḍālā kitī lāgtāt ?

4. पोस्टकार्डासाठी सव्वाआठ.

4. pōsṭkārḍāsāṭ^{h}ī səwwāāṭ^{h}.

5. तर मग पावणेअठरा रुपयांची तीन, आणि सव्वाआठ रुपयांची चार तिकिटं द्या.

5. tər məg pāwṇēəṭ^{h}rā rupəyāñcī tīn, āṇi səwwāāṭ^{h} rupəyāñcī cār tikiṭə̄ dyā.

6. आणखी काही हवंय ?

6. āṇk^{h}ī kāhī həwə̄y ?

7. तीन अंतर्देशीय पत्रं द्या.

7. tīn əntərdēśīy pəttrə̄ dyā.

8. आणखी ?

8. āṇk^{h}ī ?

9. बस. एकूण किती पैसे झाले ?

9. bəs. ēkūṇ kitī pəisē z^{h}ālē ?

10. सव्वाब्याण्णव रुपये.

10. səwwābyāṇṇəw rupəyē.

3．hagaki no kittedai wa ikura desu ka ?

3．葉書の切手代はいくらですか？

4．hagaki wa hachi-rupī nijūgo-paisa desu.

4．葉書は８ルピー25パイサです。

5．sore ja, jūnana-rupī nanajūgo-paisa no o mittsu to, hachi-rupī nijūgo-paisa no o yottsu kudasai.

5．それじゃ，17ルピー75パイサのを３つと，８ルピー25パイサのを４つください。

6．hoka ni nanika irimasu ka ?

6．他に何か要りますか？

7．inrando o san-mai kudasai.

7．インランドを３枚ください。

8．hoka ni ?

8．他に？

9．sore dake desu. zenbu de ikura ni narimasu ka ?

9．それだけです。全部でいくらになりますか？

10. kyūjūni-rupī nijūgo-paisa desu.

10. 92ルピー25パイサです。

9 – 3. पार्सल पाठवणे

9 – 3. pārsəl pāṭ^{h}əwṇē

1. पार्सल पाठवायचंय.

1. pārsəl pāṭ^{h}wāyçəy.

2. पाच क्रमांकाच्या खिडकीजवळ जा.

2. pāç krəmāṅkācā k^{h}iḍkīzəwəḷ zā.

3. हे पार्सल सी-मेलने जपानला पाठवायचंय.

3. hē pārsəl sīmēlnē jəpānlā pāṭ^{h}wāyçəy.

4. आत काय आहे ?

4. āt kāy āhē ?

5. पुस्तकं आहेत.

5. pustəkə̄ āhēt.

6. इकडे द्या. वजन करतो. तोपर्यंत आपण फॉर्म भरा.

6. ikḍē dyā. wəzən kərtō. tōpəryənt āpəṇ fɔ̄rm b^{h}ərā.

7. फॉर्म भरला. बरोबर आहे ना ?

7. fɔ̄rm b^{h}ərlā. bərōbər āhē nā ?

9－3．kozutsumi o okuru

1．kozutsumi o okuritain desu ga.

2．go-ban no madoguchi ni itte kudasai.

3．kono kozutsumi o hunabin de nihon e okuritain desu ga.

4．naiyōbutsu wa nan desu ka ?

5．shomotsu desu.

6．keiryō shimasu no de, kochira ni kudasai. sono aida ni kono yōshi ni kinyū shite kudasai.

7．kinyū shimashita. kore de ii desu ka ?

9－3．小包を送る

1．小包を送りたいんですが。

2．５番の窓口に行ってください。

3．この小包を船便で日本へ送りたいんですが。

4．内容物は何ですか？

5．書物です。

6．計量しますので，こちらにください。その間にこの用紙に記入してください。

7．記入しました。これでいいですか？

8. पोस्टेज एकशेपस्तीस रुपयांचं लागेल. त्या खिडकीत तिकिटं घेऊन इथे लावा.

8. pōsṭēj ēkśēpəstīs rupəyāñçə̄ lāgēl. tyā kʰiḍkīt tikiṭə̄ gʰēūn itʰē lāwā.

9. तिकिटं लावली.

9. tikiṭə̄ lāwlī.

10. ही पावती घ्या.

10. hī pāwtī gʰyā.

9 – 4. दूरध्वनी

9 – 4. dūrədʰwənī

1. हॅलो, गडकरींचा नंबर आहे का ?

1. hælō, gəḍkərīñçā nəmbər āhē kā ?

2. हो.

2. hō.

3. मी साइतो बोलतोय / बोलतेय. अजित घरी आहेत का ?

3. mī sāitō bōltōy / bōltēy. əjit gʰərī āhēt kā ?

4. आँ ? आपण कोण बोलताहात ?

4. ā̃ ? āpəṇ kōṇ bōltāhāt ?

5. मी साइतो. जपानी.

5. mī sāitō. jəpānī.

8. ryōkin wa hyaku sanjūgo-rupī desu. mukō no madoguchi de kitte o katte kite, hatte kudasai.

8. 料金は135ルピーです。向こうの窓口で切手を買ってきて，貼ってください。

9. kitte o harimashita.

9. 切手を貼りました。

10. uketori o dōzo.

10. 受け取りをどうぞ。

9－4. denwa

9－4. 電話

1. moshimoshi, gadokarī san no otaku desu ka ?

1. もしもし，ガドカリーさんのお宅ですか？

2. hai.

2. はい。

3. watashi wa saitō to mōshimasu ga, ajito san wa irasshaimasu ka ?

3. 私は斎藤と申しますが，アジトさんはいらっしゃいますか？

4. hā ? donata desu ka ?

4. はあ？　どなたですか？

5. saitō desu. nihon-jin desu.

5. 斎藤です。日本人です。

6 . असं असं ! साइतो होय ? अजित बाहेर गेलाय.

6 . əsə̄ əsə̄ ! sāitō hōy ? əjit bāhēr gēlāy.

7 . केव्हापर्यंत येतील ?

7 . kēw^{h}āpəryənt yētīl ?

8 . संध्याकाळपर्यंत येईल, पण नक्की ठाऊक नाही.

8 . sənd^{h}yākāḷpəryənt yēīl, pəṇ nəkkī ṭ^{h}āūk nāhī.

9 . परत आल्यावर त्यांना मला फोन करायला सांगाल का ? मी श्रेयसला उतरलोय / उतरलेय.

9 . pərət ālyāwər tyānnā məlā fōn kərāylā sāṅgāl kā ? mī śrēyəslā utərlōy / utərlēy.

10. हो हो, सांगतो / सांगते. ठेऊ मग ? बरं.

10. hō hō, sāṅgtō / sāṅgtē. ṭ^{h}ēū məg ? bərə̄.

9 – 5 . आंतरराष्ट्रीय दूरध्वनी

9 – 5 . āntərrāṣṭrīy dūrəd^{h}wənī

1 . जपानला फोन करायचाय. त्यासाठी दूरध्वनी कार्यालयातच जावं लागेल का ?

1 . jəpānlā fōn kərāyçāy. tyāsāṭ^{h}ī dūrəd^{h}wənī kāryāləyātəç zāwə̄ lāgēl kā ?

2 . नाही, आय. एस. डी.वरून करा ना.

2 . nāhī, āy ēs ḍīwərūn kərā nā.

6. aa, saitō san desu ka. ajito wa dekakete imasu.

6．ああ，斎藤さんですか。アジトは出かけています。

7. nan-ji goro ni okaeri deshō ka ?

7．何時頃にお帰りでしょうか？

8. yūgata made ni wa modoru to omoi masu ga, hakkiri shita koto wa wakarimasen.

8．夕方までには戻ると思いますが，はっきりしたことは分かりません。

9. kaette koraretara, denwa o kudasaru yōni tsutaete itadakemasu ka ? shurēyasu-hoteru ni imasu kara.

9．帰って来られたら，電話をくださるように伝えていただけますか？　シュレーヤス・ホテルにいますから。

10. hai, tsutaemasu. sore ja, mata.

10．はい，伝えます。それじゃ，また。

9－5. kokusai denwa

9－5．国際電話

1. nihon ni denwa o kaketain da kedo, denwakyoku ni ikanai to dame ka na ?

1．日本に電話を掛けたいんだけど，電話局に行かないとだめかな？

2. iya, ai-esu-dī kara kaketara ii yo.

2．いや，ISD から掛けたらいいよ。

3 . आय. एस. डी. काय आहे ?

3 . āy ēs ḍī kāy āhē ?

4 . टेलिफोनचं दुकान. कधी बघितलं नाही का ? इथे जवळच एक केंद्र आहे. दाखवतो / दाखवते.

4 . ṭēlifōncə̄ dukān. kədʰī bəgʰitlə̄ nāhī kā ? itʰē zəwəḷəç ēk kēndrə āhē. dākʰəwto / dākʰəwtē.

5 . हेच ते केंद्र आहे का ? कसं करायचं ?

5 . hēç tē kēndrə āhē kā ? kəsə̄ kərāyçə̄ ?

6 . प्रथम डबल झिरो दाबा. नंतर जपानचा नंबर आठ एक. नंतर एरिया कोड. त्यातला आधीचा झिरो सोडा.

6 . prətʰəm ḍəbəl zʰirō dābā. nəntər jəpānçā nəmbər āṭʰ ēk. nəntər ēriyā kōḍ. tyātlā ādʰīcā zʰirō sōḍā.

7 . खरंच फोन लागला ! कुटुंबियांशी बोलल्याने आनंद झाला. पैसे किती द्यायचे ते जरा विचारता ?

7 . kʰərə̄ç fōn lāglā ! kuṭumbiyāṅśī bōllyānē ānənd zʰālā. pəisē kitī dyāyçē tē zərā vicārtā ?

8 . बिल मिळेल ना. यंत्रातूनच आपोआप हिशेब होऊन नेमकी रक्कम लिहून येते.

8 . bil miḷēl nā. yəntrātūnəç āpōāp hiśēb hōūn nēmkī rəkkəm lihūn yētē.

9 . खरोखरच खूपच सोयी झाल्या आहेत.

9 . kʰərōkʰərəç kʰūpəç sōyi zʰālyā āhēt.

3. ai-esu-dītte, nani?	3. ISDって，何？
4. denwaya san da yo. mita koto nai? kono chikaku ni ik-ken aru kara, annai shiyō.	4. 電話屋さんだよ。見たことない？ この近くに1軒あるから，案内しよう。
5. kore ga sō? dō suru no kana?	5. これがそう？ どうするのかな？
6. mazu, zero zero. tsugi ni nihon no bangō hachi ichi. tsugi ni chiiki-kyokuban. hajime no zero wa osanain da yo.	6. まず，00。次に日本の番号81。次に地域局番。はじめの0は押さないんだよ。
7. honto ni tsūjita ne. kazoku to hanasete yokatta yo. ryōkin kiite kureru?	7. ほんとに通じたね。家族と話せてよかったよ。料金訊いてくれる？
8. meisaisho ga moraeru yo. kikai de jidōteki ni keisan sarete tadashii ryōkin ga dete kurun da.	8. 明細書がもらえるよ。機械で自動的に計算されて正しい料金が出てくるんだ。
9. mattaku benri ni natta mon da.	9. まったく便利になったもんだ。

10. होय, आंतरराष्ट्रीयीकरण चाललंय ना. यापुढे तर जग आणखी लहान लहान होत जाईल.

10. hōy, āntərrāṣṭrīyīkərəṇ çāllāy nā. yāpuḍʰē tər jəg āṇkʰī ləhān ləhān hōt zāīl.

10) सण

10) səṇ

10－1. महाराष्ट्रातले सण

10－1. məhārāṣṭrātlē səṇ

1. महाराष्ट्रात कोणकोणते मोठे सण आहेत ?

1. məhārāṣṭrāt kōṇkōṇtē mōṭʰē səṇ āhēt ?

2. दसरा आणि दिवाळी हे हिंदूंचे राष्ट्रीय स्तरावरचे सण. महाराष्ट्रामध्येही ते मोठ्या प्रमाणात साजरे केले जातात.

2. dəsrā āṇi diwāḷī hē hindūñçē rāṣṭrīy stərāwərçē səṇ. məhārāṣṭrāmədʰyēhī tē mōṭʰyā prəmāṇāt sāzrē kēlē zātāt.

3. होळी साजरी केली जात नाही का ?

3. hōḷī sāzrī kēlī zāt nāhī kā ?

4. जाते की. पण उत्तर भारताएवढ्या मोठ्या प्रमाणात नाही.

4. zātē kī. pəṇ uttər bʰārtāēwḍʰyā mōṭʰyā prəmāṇāt nāhī.

10. sō, kokusaika-jidai dakara ne. kore kara mo sekai wa dondon chiisaku natte iku ne.

10. そう，国際化時代だからね。これからも世界はどんどん小さくなっていくね。

10）祝祭日

10）shuku-saijitsu

10－1．mahārāshutora no matsuri

10－1．マハーラーシュトラの祭り

1．mahārāshutora no ōkina matsuri ni wa donna no ga arimasu ka ?

1．マハーラーシュトラの大きな祭りにはどんなのがありますか？

2．dasarā to diwārī wa hindū-kyōto no zenkokutekina kibo no matsuri desu. mahārāshutora de mo seidaini iwawaremasu.

2．ダサラーとディワーリーはヒンドゥー教徒の全国的な規模の祭りです。マハーラーシュトラでも盛大に祝われます。

3．hōrī wa iwawarenai no desu ka ?

3．ホーリーは祝われないのですか？

4．iwawaremasu. dakedo, kita-indo hodo seidai de wa arimasen.

4．祝われます。だけど，北インドほど盛大ではありません。

5. खास महाराष्ट्राचा असा कोणता सण आहे ?	5. k^{h}ās məhārāṣṭrāçā əsā kōṇtā səṇ āhē ?
6. महाराष्ट्राचा खास सण म्हटला, तर गणेशोत्सव हाच सर्वात जास्त लोकप्रिय सण आहे.	6. məhārāṣṭrācā k^{h}ās səṇ m^{h}əṭlā, tər gəṇēśōtsəw hāç sərwāt jāst lōkəpriy səṇ āhē.
7. खेडेगावातले वेगळे सण पण आहेत का ?	7. k^{h}ēḍēgāwātlē wēgḷē səṇ pəṇ āhēt kā ?
8. हो, आहेत ना. पोळा नावाचा सण आहे. या सणाला बैलांना सजवून त्यांची पूजा केली जाते.	8. hō, āhēt nā. pōḷā nāwāçā səṇ āhē. yā səṇālā bəilānnā səzwūn tyãncī pūjā kēlī zātē.
9. दुसऱ्या धर्मांचेसुद्धा काही सण असतील ना ?	9. dusryā d^{h}ərmãnçēsudd^{h}ā kāhī səṇ əstīl nā ?
10. हो, आहेत तर. मुसलमानांचा मोहरम, बौद्धांची बुद्धजयंती असे पुष्कळ सण आहेत.	10. hō, āhēt tər. musəlmānãnçā mōhərəm, bəudd^{h}ãncī budd^{h}əjəyəntī əsē puṣkəḷ səṇ āhēt.

5． mahārāshutora dokuji no matsuri ni wa donna no ga arimasu ka ?

5．マハーラーシュトラ独自の祭りにはどんなのがありますか？

6． mahārāshutora dokuji no to naru to, ganēsha matsuri ga ichiban ninki ga arimasu.

6．マハーラーシュトラ独自のとなると，ガネーシャ祭りが一番人気があります。

7． inaka ni mo tokubetsuna matsuri ga arimasu ka ?

7．田舎にも特別な祭りがありますか？

8． hai, arimasu. pōrā to yū matsuri nan desu ga, ushi o kirei ni kazatte, ushi ni oinori shimasu.

8．はい，あります。ポーラーという祭りなんですが，牛を綺麗に飾って，牛にお祈りします。

9． hoka no shūkyōno matsuri mo arun deshō ne ?

9．他の宗教の祭りもあるんでしょうね？

10． mochiron desu. kaikyōto no mōharamu ya bukkyōto no hanamatsuri nado takusan arimasu.

10．もちろんです。回教徒のモーハラムや仏教徒の花祭りなどたくさんあります。

10－2. गणेशोत्सव

10－2. gəṇēśōtsəw

1. अरे, आपले केस एकदम लाल झाले आहेत.

1. ərē, āplē kēs ēkdəm lāl zʰālē āhēt.

2. त्या लोकांनी माझ्यावर खूप गुलाल टाकला. काय करायचं ? मला माहीत नव्हतं या सणातही गुलाल टाकला जातो.

2. tyā lōkānnī māj̈ʰāwər kʰūp gulāl ṭāklā. kāy kərāyçə̄ ? məlā māhīt nəwʰtə̄ yā səṇāthī gulāl ṭāklā zātō.

3. जाऊ द्या. इतकं मनावर घेऊ नका. हा आनंदाचा सण आहे. या सणाची लोक फार दिवसांपासून वाट पाहात असतात.

3. zāū dyā. itkə̄ mənāwər gʰēū nəkā. hā ānəndāçā səṇ āhē. yā səṇācī lōk pʰār diwsāmpāsūn wāṭ pāhāt əstāt.

4. काय भयंकर गर्दी ! शहरातले सगळे लोक इथे गोळा झालेत की काय असं वाटतंय.

4. kāy bʰəyəṅkər gərdī ! śəhərātlē səgḷē lōk itʰē gōḷā zʰālēt kī kāy əsə̄ wāṭṭə̄y.

5. ती मूर्ती बघा. काय सुंदर सजवली आहे !

5. tī mūrtī bəgʰā. kāy sundər səzəwlī āhē !

10－2．ganēsha matsuri

1．oya, kaminoke ga makka desu ne.

2．akai kona o tappuri kakeraretan desu. dō shiyō mo arimasen. kono matsuri demo gurāru o kakeru to wa shirimasen deshita.

3．maa, amari oki o waruku nasaranai de. kono matsuri wa mina ga kubi o nagaku shite matte ita yorokobi no matsuri nan desu.

4．sugoi hitode desu ne. machijū no hito ga koko ni atsumatterun ja nai ka to omou hodo desu.

5．ano zō o goran nasai. kireini kazattemasu yo.

10－2．ガネーシャ祭り

1．おや，髪の毛が真っ赤ですね。

2．赤い粉をたっぷり掛けられたんです。どうしようもありません。この祭りでもグラールを掛けるとは知りませんでした。

3．まあ，あまりお気を悪くなさらないで。この祭りは皆が首を長くして待っていた喜びの祭りなんです。

4．すごい人出ですね。町中の人がここに集まってるんじゃないかと思うほどです。

5．あの像をご覧なさい。綺麗に飾ってますよ。

6. अशा सुंदर मूर्तींचं विसर्जन करणं म्हणजे मौल्यवान वस्तू फुकट घालवण्यासारखं नाही का ?

6. əśā sundər mūrtīñçə̄ visərjən kərṇə̄ m^{h}əṇjē məulyəwān wəstū p^{h}ukəṭ g^{h}āləwṇyāsārk^{h}ə̄ nāhī kā ?

7. अहो नाही ! मोठ्या मूर्तींचं विसर्जन करीत नाही. पुढे ठेवलेली छोटी फक्त बुडवतात. हं, मुंबईमध्ये मात्र मोठ्या मूर्तींचंही विसर्जन करतात.

7. əhō nāhī ! mōṭ^{h}yā mūrtīñçə̄ visərjən kərīt nāhī. puḍ^{h}ē ṭ^{h}ēwlēlī c^{h}ōṭī p^{h}əktə buḍəwtāt. hə̃, mumbəīməd^{h}yē mātrə mōṭ^{h}yā mūrtīñçə̄hī visərjən kərtāt.

8. ही माणसं आनंदाने काही ओरडतायत. काय म्हणतायत ?

8. hī māṇsə̄ ānəndānē kāhī ōrəḍtāyət. kāy m^{h}əṇtāyət ?

9. "गणपती बाप्पा मोरया पुढल्या वर्षी लवकर या !" असं म्हणतायत.

9. "gəṇpətī bāppā mōrəyā puḍ^{h}lyā wərṣī ləwkər yā !" əsə̄ m^{h}əṇtāyət.

10. या घोषणांवरून असं वाटतंय की आतापासूनच पुढल्या वर्षाची वाट पाहणं सुरू झालंय.

10. yā g^{h}ōṣṇāṅwərūn əsə̄ wāṭṭə̄y kī ātāpāsūnəç puḍ^{h}lyā wərṣācī wāṭ pāhəṇə̄ surū z^{h}ālə̄y.

6. konna ni kireina zō o mizu ni nagashite shimau nante, kōkana mono o tada de sutete shimau yōna mono ja nai desu ka ?

6. こんなに綺麗な像を水に流してしまうなんて，高価なものをただで捨ててしまうようなものじゃないですか？

7. iya, sō ja arimasen. ōkina zō wa nagashimasen. temae ni oite aru chiisana zō dake nagasun desu. maa, munbai de wa ōkina zō mo nagashimasu ga.

7. いや，そうじゃありません。大きな像は流しません。手前に置いてある小さな像だけ流すんです。まあ，ムンバイでは大きな像も流しますが。

8. kono hitotachi wa tanoshisōni nanika sakende imasu ga, nan to itterun desu ka ?

8. この人達は楽しそうに何か叫んでいますが，何と言ってるんですか？

9. "ganēsha ojisan, rainen wa hayaku kite ne" to itterun desu.

9. 『ガネーシャおじさん，来年は早く来てね』と言ってるんです。

10. sonna koto o yū to, mō ima kara rainen ga machidōshiku narimasu ne.

10. そんなことを言うと，もう今から来年が待ち遠しくなりますね。

10－3. मकरसंक्रांत

1. मकरसंक्रांत हा सण कशासाठी साजरा करतात ?

2. सूर्य वर्षातल्या याच दिवशी मकर राशीत प्रवेश करतो म्हणून हा सण साजरा करतात.

3. अवघड आहे. असो. या सणाला काय करतात ?

4. हे घ्या.

5. हे काय आहे ?

6. हा तिळाचा लाडू आहे. मकरसंक्रांतीला आम्ही हा आवर्जून एकमेकांना देतो.

7. याला काही कारण आहे का ?

10－3. məkərsəṅkrānt

1. məkərsəṅkrānt hā səṇ kəśāsāṭ^{h}ī sāzrā kərtāt ?

2. sūryə wərṣātlyā yāç diwśī məkər rāśīt prəwēś kərtō m^{h}əṇūn hā səṇ sāzrā kərtāt.

3. əwg^{h}əḍ āhē. əsō. yā səṇālā kāy kərtāt ?

4. hē g^{h}yā.

5. hē kāy āhē ?

6. hā tiḷāçā lāḍū āhe. məkərsəṅkrāntīlā ām^{h}ī hā āwərzūn ēkəmēkānnā dētō.

7. yālā kāhī kārəṇ āhē kā ?

10－3． makaru-sankurānto

1．makaru-sankurānto to yū no wa nani o iwau matsuri desu ka ?

2．taiyō ga kono hi ni makatsu-kyū ni hairu no o iwau matsuri desu.

3．muzukashiin desu ne. sore wa tomokaku, kono matsuri ni wa nani o surun desu ka ?

4．kore o dōzo.

5．nan desu ka, kore wa ?

6．goma no dango desu. makaru-sankurānto no hi ni wa watashitachi wa kanarazu kore o hito ni agemasu.

7．nanika iware demo aru no desu ka ?

10－3． マカル・サンクラーント

1．マカル・サンクラーントというのは何を祝う祭りですか？

2．太陽がこの日に磨羯宮に入るのを祝う祭りです。

3．難しいんですね。それはともかく，この祭りには何をするんですか？

4．これをどうぞ。

5．何ですか，これは？

6．胡麻の団子です。マカル・サンクラーントの日には私達は必ずこれを人に上げます。

7．何かいわれでもあるのですか？

8. आहे ना. हा लाडू तीळ आणि गुळापासून बनवलेला आहे. तीळ आणि गूळ दोन्ही गरम असर देणाऱ्या वस्तू आहेत. त्यामुळे थंडीत खायला चांगल्या आहेत.

8. āhē nā. hā lāḍū tīḷ āṇi guḷāpāsūn bənəwlēlā āhē. tīḷ āṇi gūḷ dōnʰī gərəm əsər dēṇāryā wəstū āhēt. tyāmuḷē tʰəṇḍīt kʰāylā çāṅglyā āhēt.

9. असा गोड लाडू खाल्ला ना, तर आवाजही गोड होईल की काय ?

9. əsā gōḍ lāḍū kʰāllā nā, tər āwāzhī gōḍ hōīl kī kāy ?

10. होईल की. तिळगूळ देताना "तिळगूळ घ्या आणि गोड गोड बोला" असं म्हणायची पद्धत आहे.

10. hōīl kī. tiḷgūḷ dētānā "tiḷgūḷ gʰyā āṇi gōḍ gōḍ bōlā" əsə̄ mʰəṇāycī pəddʰət āhē.

10－4. नाशिकमधला कुंभमेळा

10－4. nāśikmədʰlā kumbʰmēḷā

1. मी नाशिकला जाऊन आलो / आले.

1. mī nāśiklā zāūn ālō / ālē.

2. असं ? कुंभमेळा बघायला गेला होता का ?

2. əsə̄ ? kumbʰmēḷā bəgʰāylā gēlā hōtā kā ?

3. हो. तिथे खूप गर्दी होती.

3. hō. titʰē kʰūp gərdī hōtī.

8. ee. kono dango wa goma to kurozatō de dekite imasu ga, dochira mo karada o atatameru kōka ga aru node, samui toki ni taberu to yoi no desu.

8．ええ。この団子は胡麻と黒砂糖でできていますが，どちらも体を暖める効果があるので，寒い時に食べると良いのです。

9. konna ni amai dango o tabetara, koe mo amaku narimasu ka ne ?

9．こんなに甘い団子を食べたら，声も甘くなりますかね？

10. narimasu tomo. kono dango wa “goma-dango o tabete, yasashiku ohanashi shinasai” to iinagara hito ni ageru narawashi nan desu yo.

10．なりますとも。この団子は「胡麻団子を食べて，優しくお話ししなさい」と言いながら人にあげる慣わしなんですよ。

10－4. nāshiku no kunbumērā

10－4．ナーシクのクンブメーラー

1. nāshiku ni itte kimashita.

1．ナーシクに行ってきました。

2. sō desu ka. kunbumērā o mi ni itta no desu ka ?

2．そうですか。クンブメーラーを見に行ったのですか？

3. ee, sugoi hitode deshita yo.

3．ええ，すごい人出でしたよ。

4. बारा वर्षांतून एकदाच कुंभमेळा भरतो, त्यामुळे पुष्कळ लोक तिथे जातात.

4. bārā wərṣāntūn ēkdāç kumbʰmēḷā bʰərtō, tyāmuḷē puṣkəḷ lōk titʰē zātāt.

5. रामकुंडामध्ये पुष्कळ लोक स्नान करीत होते.

5. rāmkuṇḍāmədʰyē puṣkəḷ lōk snān kərīt hōtē.

6. तुम्हीही स्नान केलं का ?

6. tumʰīhī snān kēlə kā ?

7. छे छे ! भयंकर गर्दीमुळे रामकुंडाच्या जवळ जाणंसुद्धा शक्य नव्हतं.

7. cʰē cʰē ! bʰəyəṅkər gərdīmuḷē rāmkuṇḍācā zəwəḷ zāṇəsuddʰā śəkkyə nəwʰtə.

8. हो ? मग काय केलं ?

8. hō ? məg kāy kēlə ?

9. काळाराम मंदिराकडे गेलो / गेले. पण तिथेही तशीच गर्दी होती. त्यामुळे मी काहीही बघू शकलो / शकले नाही. मला आता वाटतंय की मी फक्त गर्दी बघण्यासाठीच नाशिकपर्यंत गेलो होतो / गेले होते की काय !

9. kāḷārām məndirākəḍē gēlō / gēlē. pəṇ titʰēhī təśīc gərdī hōtī. tyāmuḷē mī kāhīhī bəgʰū śəklō / śəklē nāhī. məlā ātā wāṭṭəy kī mī pʰəktə gərdī bəgʰṇyāsāṭʰīç nāśikpəryənt gēlō hōtō / gēlē hōtē kī kāy !

4. jūni-nen ni ik-kai no omatsuri desu kara ne. takusan hito ga atsumarun desu.	4. 12年に1回のお祭りですからね。たくさん人が集まるんです。
5. rāmukundo de wa takusan no hito ga mokuyoku shite imashita.	5. ラームクンドではたくさんの人が沐浴していました。
6. anata mo mokuyoku shimashita ka?	6. あなたも沐浴しましたか？
7. tondemo nai. sugoi hitogomi deshita kara, rāmukundo ni chikayoru koto sae dekimasen deshita.	7. とんでもない。すごい人ごみでしたから，ラームクンドに近寄ることさえできませんでした。
8. sō desu ka. sore de dō shitan desu?	8. そうですか。それでどうしたんです？
9. kārārāmu- jiin no hō e ittan desu ga, socchi mo hito ga ippai de, kekkyoku nani mo miraremasen deshita. hitogomi o miru tame ni nāshiku made itta no ka to omou hodo desu.	9. カーラーラーム寺院の方へ行ったんですが，そっちも人がいっぱいで，結局，何も見られませんでした。人ごみを見るためにナーシクまで行ったのかと思うほどです。

10. कुंभमेळ्यात असंच असतं. शहर नीट बघायचं असलं, तर तुम्हाला पुन्हा तिथे जावं लागेल.

10. kumbʰmēḷyāt əsə̄ç əstə̄. śəhər nīṭ bəgʰāyçə̄ əslə̄, tər tumʰālā punʰā titʰē zāwə̄ lāgēl.

10－5. दिवाळी

10－5. diwāḷī

1. सगळीकडे पणत्या लावल्या आहेत. काय अद्भुत दृश्य आहे !

1. səgḷīkəḍē pəṇtyā lāwlyā āhēt. kāy ədbʰut druśśə āhē !

2. हो, फारच सुंदर दृश्य आहे ना. मला दिवाळी फार आवडते !

2. hō, pʰārəç sundər druśśə āhē nā. məlā diwāḷī pʰār āwəḍtē !

3. हे दृश्य पाहून मनाला गूढाचा स्पर्श होतो.

3. hē druśśə pāhūn mənālā gūḍʰāçā spərśə hōtō.

4. भोवतालची गंभीर पवित्रता पाहून मला असं वाटतं की खरोखरच हे देवीच्या स्वागताचं वातावरण आहे.

4. bʰōwtālcī gəmbʰīr pəvittrətā pāhūn məlā əsə̄ wāṭtə̄ kī kʰərōkʰərəç hē dēvīcā swāgtāçə̄ wātāwərəṇ āhē.

5. आजच्या रात्री चंद्र पण उगवला नाही. हा सुंदर योगायोग झाला.

5. āzcā rātrī cəndrə pəṇ ugəwlā nāhī. hā sundər yōgāyōg zʰālā.

10. kunbumērā no toki wa sō narimasu. machi o chanto kenbutsu shitakereba, mō ik-kai ikanakucha naranai deshō.

10. クンブメーラーのときはそうなります。町をちゃんと見物したければ，もう１回行かなくちゃならないでしょう。

10－５． diwārī

10－５． ディワーリー

1．doko de mo tōmyō ni akari ga hairimashita ne. nan te kireina nagame deshō.

1．どこでも灯明に明かりが入りましたね。なんて綺麗な眺めでしょう。

2．ee, tottemo kirei desho. watashi wa diwārī ga daisuki nan desu.

2．ええ，とっても綺麗でしょ。私はディワーリーが大好きなんです。

3．kono kōkei wa shinpitekina kanji ga shimasu.

3．この光景は神秘的な感じがします。

4．atari no genshukusa kara hontō ni kamisama o omukae suru to yū hun'iki ga kanjiraremasu.

4．辺りの厳粛さから本当に神様をお迎えするという雰囲気が感じられます。

5．kon'ya wa tsuki mo dete inai kara, ii gūzen desu ne.

5．今夜は月も出ていないから，いい偶然ですね。

6. नाही, हा योगायोग नाही. हा सण अमावास्येच्या रात्रीच साजरा केला जातो.

6. nāhī, hā yōgāyōg nāhī. hā səṇ əmāwāsyēcā rātriç sāzrā kēlā zātō.

7. असं होय ? मी ऐकलंय की उद्याही काही तरी सण आहे.

7. əsə̄ hōy ? mī əiklə̄y kī udyāhī kāhī tərī səṇ āhē.

8. उद्या बलिप्रतिपदा आहे. या दिवशी व्यापाऱ्यांचं नवं वर्ष सुरू होतं. आणि परवा भाऊबीज.

8. udyā bəḷiprətipədā āhē. yā diwśī vyāpāryāñçə̄ nəwə̄ wərṣə surū hōtə̄. āṇi pərwā bʰāūbīz.

9. भाऊबिजेच्या दिवशी बहिणी भावांच्या मनगटावर काही तरी चमकणारी वस्तू बांधतात ना ?

9. bʰāūbizēcā diwśī bəhiṇī bʰāwāñcā məngəṭāwər kāhī təri çəməkṇārī wəstū bāndʰtāt nā ?

10. चमकणारी वस्तू बांधणं ? ओहो, तुम्ही ज्याबद्दल सांगताय ते रक्षाबंधन. तो अगदी वेगळा सण आहे.

10. çəməkṇārī wəstū bāndʰṇə̄ ? ōhō, tumʰī jābəddəl sāṅgtāy tē rəkṣābəndʰən. tō əgdī wēgḷā səṇ āhē.

6. iya, kore wa gūzen de wa arimasen. kono matsuri wa shingetsu no ban ni iwawarerun desu.

6. いや，これは偶然ではありません。この祭りは新月の晩に祝われるんです。

7. sō desu ka. tokorode, ashita mo nanika omatsuri to kikimashita ga.

7. そうですか。ところで，明日も何かお祭りと聞きましたが。

8. ashita wa bari-puratipadā to itte, shōka de wa shinnen ga hajimarimasu. asatte wa bāū-bīzu desu.

8. 明日はバリ・プラティパダーと言って，商家では新年が始まります。明後日はバーウー・ビーズです。

9. bāū-bīzu no hi wa shimai ga kyōdai no tekubi ni nanika kirakira shita kazari o musubun desu yo ne.

9. バーウー・ビーズの日は姉妹が兄弟の手首に何かキラキラした飾りを結ぶんですよね。

10. kirakira shita kazari? aa, rakushābandan no koto desu ne. sore wa mattaku betsu no omatsuri desu.

10. キラキラした飾り？　ああ，ラクシャーバンダンのことですね。それは全く別のお祭りです。

11) महाराष्ट्राचा निसर्ग

11) məhārāṣṭrāçā nisərgə

11– 1. महाराष्ट्राचा भूगोल

11– 1. məhārāṣṭrāçā b^{h}ūgōl

1. महाराष्ट्राची भौगोलिक विशेषता थोडक्यात सांगता का ?

1. məhārāṣṭrācī b^{h}əugōlik viśēṣtā t^{h}ōḍkyāt sāṅgtā kā ?

2. महाराष्ट्राचे कोकण व देश असे दोन मुख्य विभाग करतात. अरबी समुद्रकिनाऱ्यावरच्या निमुळत्या पट्टीला कोकण म्हणतात आणि सह्याद्रीच्या पूर्वेच्या पठाराला देश किंवा दख्खनचं पठार असं म्हणतात.

2. məhārāṣṭrāçē kōkəṇ wə dēś əsē dōn mukk^{h}yə vib^{h}āg kərtāt. ərbī səmuddrəkināryāwərcā nimuḷtyā pəṭṭīlā kōkəṇ m^{h}əṇtāt āṇi səhyādrīcā pūrwēcā pəṭ^{h}ārālā dēś kiw̃wā dəkk^{h}ənçə̄ pəṭ^{h}ār əsə̄ m^{h}əṇtāt.

3. महाराष्ट्रात मैदानी क्षेत्र कमी आहे का ?

3. məhārāṣṭrāt məidānī kṣētrə kəmī āhē kā ?

11）マハーラーシュトラの自然

11）mahārāshutora no shizen

11－1．mahārāshutora no chiri

11－1．マハーラーシュトラの地理

1．mahārāshutora no chiriteki tokuchō o ōmaka ni setsumei shite kudasai.

1．マハーラーシュトラの地理的特徴を大まかに説明してください。

2．mahārāshutora wa kōnkan to dēsha to yū hutatsu no chiiki ni taibetsu saremasu. arabia-kai zoi no hosonagai chiiki o kōnkan to ii, sahyādorī sanmyaku no higashigawa no daichi o dēsha aruiwa dekan kōgen to iimasu.

2．マハーラーシュトラはコーンカンとデーシャという２つの地域に大別されます。アラビア海沿いの細長い地域をコーンカンと言い，サヒャードリー山脈の東側の台地をデーシャあるいはデカン高原と言います。

3．mahārāshutora ni wa heiyabu wa sukunai no desu ka？

3．マハーラーシュトラには平野部は少ないのですか？

4. इथे उत्तर प्रदेशातल्यासारखी मोठ्या नद्यांच्या किनाऱ्याने विकसित होणारी विस्तीर्ण मैदानं नाहीत. मात्र देश हा भाग उंचावर पसरलेल्या एका विशाल मैदानासारखाच आहे.

4. it^{h}ē uttər prədēsātlyāsārk^{h}ī mōṭ^{h}yā nədyāñcā kināryānē viksit hōṇārī vistīrṇə məidānə̄ nāhīt. mātrə dēś hā b^{h}āg uñçāwər pəsərlēlyā ēkā viśāl məidānāsārk^{h}āç āhē.

5. महाराष्ट्रात मोठ्या नद्या नाहीत का?

5. məhārāṣṭrāt mōṭ^{h}yā nədyā nāhīt kā ?

6. आहेत की. उत्तरेकडून सुरुवात केली, तर तापी, गोदावरी आणि भीमा ह्या मोठ्या नद्या आहेत.

6. āhēt kī. uttərēkəḍūn suruwāt kēlī, tər tāpī, gōdāwərī āṇi b^{h}īmā hyā mōṭ^{h}yā nədyā āhēt.

7. ह्या नद्या अरबी समुद्राला मिळतात का ?

7. hyā nədyā ərbī səmuddrālā miḷtāt kā ?

8. तापी नदी खंबायतच्या आखाताकडे वाहत जाते. बाकी नद्या दक्षिण- पूर्व दिशेला वाहत जाऊन बंगालच्या उपसागरास मिळतात.

8. tāpī nədī k^{h}əmbāyətcā āk^{h}ātākəḍē wāhət zātē. bākī nədyā dəkṣiṇ pūrwə diśēlā wāhət zāūn bəṅgālcā upəsāgrās miḷtāt.

9. याचा अर्थ असा आहे का की इथली जमीन दक्षिण- पूर्व दिशेला उतरती आहे ?

9. yāçā ərt^{h}ə əsā āhē kā kī it^{h}lī zəmīn dəkṣiṇ pūrwə diśēlā utərtī āhē ?

4．uttaru-puradēshu-shū ni aru yōna ōkina kawa no ryūiki-heiya wa arimasen ga, dēsha-chihō wa kōchi ni hirogatta kōdaina heigen to yū kanji desu.

4．ウッタル・プラデーシュ州にあるような大きな川の流域平野はありませんが，デーシャ地方は高地に広がった広大な平原という感じです。

5．mahārāshutora ni wa ōkina kawa wa nai no desu ka？

5．マハーラーシュトラには大きな川はないのですか？

6．arimasu yo. kita kara jun ni ageru to, tāpī-gawa, gōdāwarī-gawa, bīmā-gawa nado ga ōkina kawa desu.

6．ありますよ。北から順に挙げると，ターピー川，ゴーダーワリー川，ビーマー川などが大きな川です。

7．sorera no kawa wa arabia-kai ni sosogu no desu ka？

7．それらの川はアラビア海に注ぐのですか？

8．tāpī-gawa wa kanbei-wan ni sosogimasu ga, ato no kawa wa mina tōnan-hōkō ni nagerete itte, bengaru-wan ni sosogimasu.

8．ターピー川はカンベイ湾に注ぎますが，あとの川はみな東南方向に流れていって，ベンガル湾に注ぎます。

9．suru to, tochi wa tōnan ni mukatte hikuku natte iru no desu ne？

9．すると，土地は東南に向かって低くなっているのですね？

10. हो. राज्यात पश्चिमेकडे सह्याद्री आणि उत्तरेकडे सातपुडा पर्वताच्या रांगा आहेत त्यामुळे असं होतं.

10. hō. rājjāt pəśçimēkəḍē səhyādrī āṇi uttərēkəḍē sātpuḍā pərwətācā rāṅgā āhēt tyāmuḷē əsə̄ hōtə̄.

11－2. महाराष्ट्राचे हवामान

11－2. məhārāṣṭrāçē həwāmān

1. महाराष्ट्रात प्रवास करायचा असेल, तर कोणत्या महिन्यात करावा ?

1. məhārāṣṭrāt prəwās kərāyçā əsēl, tər kōṇtyā məhinyāt kərāwā ?

2. नोव्हेंबर ते मार्च हा काळ फार छान असतो.

2. nōv^{h}ēmbər tē mārc hā kāḷ p^{h}ār c^{h}ān əstō.

3. इतर महिन्यांमध्ये हवामान प्रतिकूल असतं का ?

3. itər məhinyāmməd^{h}yē həwāmān prətikūl əstə̄ kā ?

4. एप्रिल व मे महिन्यांत उन्हाळा असतो. त्यानंतर पावसाळा येतो.

4. ēpril wə mē məhinyānt un^{h}āḷā əstō. tyānəntər pāwsāḷā yētō.

5. पावसाळा किती महिने असतो ?

5. pāwsāḷā kitī məhinē əstō ?

10. sō desu. shū no seibu ni sahyādorī-sanmyaku, hokubu ni satopurā-sanmyaku ga aru kara desu.

10. そうです。州の西部にサヒャードリー山脈，北部にサトプラー山脈があるからです。

11－2．mahārāshutora no kikō

11－2．マハーラーシュトラの気候

1．mahārāshutora o ryokō suru ni wa nan-gatsu goro ga ii desu ka ?

1．マハーラーシュトラを旅行するには何月頃がいいですか？

2．jūichi-gatsu kara san-gatsu goro ga ii desu ne.

2．11月から３月頃がいいですね。

3．hoka no tsuki wa kikō ga kibishii desu ka ?

3．他の月は気候が厳しいですか？

4．shi-gatsu to go-gatsu wa atsuin desu. sono go wa uki ni narimasu.

4．４月と５月は暑いんです。その後は雨期になります。

5．uki wa nanka-getsu gurai tsuzukimasu ka ?

5．雨期は何ヶ月ぐらい続きますか？

6. जूनपासून सप्टेंबरपर्यंत चार महिने. खास करून कोकणात प्रचंड पाऊस पडतो. भारतात सर्वाधिक पाऊस पडणाऱ्या भागांपैकी हा एक आहे.

6. jūnpāsūn səpṭēmbərpəryənt cār məhinē. k^{h}ās kərūn kōkṇāt prəcənḍ pāūs pəḍtō. b^{h}ārtāt sərwād^{h}ik pāūs pəḍṇāryā b^{h}āgāmpəikī hā ēk āhē.

7. महाराष्ट्राच्या आतल्या भागातही खूप पाऊस पडतो का ?

7. məhārāṣṭrācā ātlyā b^{h}āgāthī k^{h}ūp pāūs pəḍtō kā ?

8. आतल्या भागात एवढा नाही पडत, पण प्रवासात पाऊस त्रासदायक होतो.

8. ātlyā b^{h}āgāt ēwḍ^{h}ā nāhī pəḍət, pəṇ prəwāsāt pāūs trāsdāyək hōtō.

9. इथलं तापमान कसं आहे ?

9. it^{h}lə̄ tāpmān kəsə̄ āhē ?

10. वर्षभराचं तापमान सरासरी तीस अंश सेल्सिअस असतं. मात्र आतल्या भागामध्ये हिवाळ्यात सकाळ-संध्याकाळ हवा थंड असते.

10. wərṣəb^{h}ərāçə̄ tāpmān sərāsərī tīs əw̃ś selsiəs əstə̄. mātrə ātlyā b^{h}āgāməd^{h}yē hiwāḷyāt səkāḷ sənd^{h}yākāḷ həwā t^{h}əṇḍ əstē.

11－3. दख्खनच्या पठाराचे दृश्य

11－3. dəkk^{h}əncā pəṭ^{h}ārāçē druśśə

1. हा प्रदेश तर अवाढव्य पसरलेला आहे.

1. hā prədēś tər əwāḍ^{h}əvvyə pəsərlēlā āhē.

6. roku-gatsu kara ku-gatsu made no yonka-getsu kan desu. toku ni kōnkan-chihō wa takusan ame ga hurimasu. indo de mo yubiori no tau-chiiki desu.

6. 6月から9月までの4ヶ月間です。特にコーンカン地方はたくさん雨が降ります。インドでも指折りの多雨地域です。

7. mahārāshutora no nairikubu de mo yoku ame wa hurimasu ka ?

7. マハーラーシュトラの内陸部でも雨はよく降りますか？

8. nairikubu wa sonna ni hurimasen ga, yahari, ryokō ni wa mukimasen ne.

8. 内陸部はそんなに降りませんが，やはり，旅行には向きませんね。

9. kion wa ikaga desu ka ?

9. 気温はいかがですか？

10. nenkan o tsūjite daitai sanjū-do zengo desu. tada, nairikubu de wa huyu no asayū wa samui desu yo.

10. 年間を通じて大体30℃前後です。ただ，内陸部では冬の朝夕は寒いですよ。

11－3. dekan-kōgen no hūkei

11－3. デカン高原の風景

1. kono atari wa yake ni dadappiroi desu ne.

1. この辺りはやけにだだっ広いですね。

2. हो, दख्खनच्या पठारावर पुष्कळ ठिकाणी असंच दिसतं.

2. hō, dəkk^{h}əncā pəṭ^{h}ārāwər puṣkəḷ ṭ^{h}ikāṇī əsə̄ç distə̄.

3. ही सगळी शेतजमीन आहे का ?

3. hī səgḷī śētzəmīn āhē kā ?

4. शेतं आहेत असं दिसतं, पण काही ठिकाणी ओसाड जमीनपण आहे.

4. śētə̄ āhēt əsə̄ distə̄, pəṇ kāhī ṭ^{h}ikāṇī ōsāḍ zəmīnpəṇ āhē.

5. शेतं आणि ओसाड जमीन यांतली सीमा कधीकधी कळतच नाहीये.

5. śētə̄ āṇi ōsāḍ zəmīn yāntlī sīmā kəd^{h}īkəd^{h}ī kəḷtəç nāhīyē.

6. हो ना. ओसाड भागातली जमीन खडकाळ असते. साधारणपणे पठारावर काळी माती असते आणि ती शेतीसाठी उत्तम असते.

6. hō nā. ōsāḍ b^{h}āgātlī zəmīn k^{h}əḍkāḷ əstē. sād^{h}ārəṇpəṇē pəṭ^{h}ārāwər kāḷī mātī əstē āṇi tī śētīsāṭ^{h}ī uttəm əstē.

7. या भागात कोणकोणती पिकं काढली जातात ?

7. yā b^{h}āgāt kōṇkōṇtī pikə̄ kāḍ^{h}lī zātāt ?

8. दख्खनच्या पठारावर साधारणपणे ऊस, कापूस, बाजरी, जोंधळा वगैरे पिकवले जातात.

8. dəkk^{h}əncā pəṭ^{h}ārāwər sād^{h}ārəṇpəṇē ūs, kāpūs, bāzrī, zōnd^{h}ḷā wəgəirē pikəwlē zātāt.

2．ee, dekan-kōgen de wa daitai konna kanji desu ne.	2．ええ，デカン高原ではだいたいこんな感じですね。
3．zūtto ichimen, hatake nan desu ka ?	3．ずうっと一面，畑なんですか？
4．ichiō wa sō nan desu ga, arechi mo arimasu.	4．一応はそうなんですが，荒地もあります。
5．hatake to arechi no sakaime ga amari hakkiri shimasen ne.	5．畑と荒地の境目があまりはっきりしませんね。
6．sō desu ne. arechi no tokoro wa ishikoro ga ōin desu ga, hutsū, dekan-kōgen no tsuchi wa kurokute nōgyō ni wa tekishite irun desu.	6．そうですね。荒地のところは石ころが多いんですが，普通，デカン高原の土は黒くて農業には適しているんです。
7．kono atari de wa donna sakumotsu o saibai surun desu ka ?	7．この辺りではどんな作物を栽培するんですか？
8．dekan-kōgen de wa hutsū, satōkibi ya menka to bāzurī ya zōndorā no kibirui o saibai shimasu.	8．デカン高原では普通，砂糖黍や綿花とバーズリーやゾーンドラーの黍類を栽培します。

9. सूर्यास्ताच्या लाल किरणांनी रंगलेलं हे दृश्य अस्सल महाराष्ट्रीय वाटतं.

9. sūryāstācā lāl kirṇānnī rəṅglēlə̄ hē druśśə əssəl məhārāṣṭrīy wāṭṭə̄.

10. खरं आहे. या भव्य दृश्याचा भरपूर आनंद लुटा.

10. k^{h}ərə̄ āhē. yā b^{h}əvvyə druśśāc̣ā b^{h}ərpūr ānənd luṭā.

11 – 4. महाराष्ट्राच्या मधल्या भागाचा पावसाळा

11 – 4. məhārāṣṭrācā məd^{h}lyā b^{h}āgāc̣ā pāwsāḷā

1. पावसाळा सुरू झाला आहे, पण अलीकडे विशेष पाऊस होत नाही. असं का ?

1. pāwsāḷā surū z^{h}ālā āhē, pəṇ əlīkəḍē viśēṣ pāūs hōt nāhī. əsə̄ kā ?

2. काही दिवसांपूर्वी इथेपण खूप पाऊस पडला होता. आता पाऊस विश्रांती घेत असेल.

2. kāhī diwsāmpūrvī it^{h}ēpəṇ k^{h}ūp pāūs pəḍlā hōtā. ātā pāūs viśrāntī g^{h}ēt əsēl.

3. हा महाराष्ट्राचा मध्यभाग आहे म्हणून असं होत असेल का ?

3. hā məhārāṣṭrāc̣ā mədd^{h}yəb^{h}āg āhē m^{h}əṇūn əsə̄ hōt əsēl kā ?

4. दर वर्षी असं होतंच असं नाही. पण कधीकधी असंही होतं.

4. dər wərṣī əsə̄ hōtə̄c̣ əsə̄ nāhī. pəṇ kəd^{h}īkəd^{h}ī əsə̄hī hōtə̄.

9. yūhi ni akaku somatta kono hūkei wa jitsuni mahārāshutora-teki desu.

9．夕日に赤く染まったこの風景は実にマハーラーシュトラ的です。

10. sono tōri desu. kono yūdaisa o mankitsu shite kudasai.

10. その通りです。この雄大さを満喫してください。

11－4. nairikubu no uki

11－4. 内陸部の雨期

1. uki to yū no ni, kono tokoro amari ame ga hurimasen ne. dō shitan deshō ?

1．雨期というのに，このところあまり雨が降りませんね。どうしたんでしょう？

2. kono aida wa kono hen mo yoku hutta no desu ga, chotto nakayasumi nan deshō.

2．この間はこの辺もよく降ったのですが，ちょっと中休みなんでしょう。

3. koko wa nairikubu desu kara kō yū koto ni naru no deshō ka ?

3．ここは内陸部ですからこういうことになるのでしょうか？

4. maitoshi to yū wake de wa arimasen ga, toki ni wa kō yū koto mo arimasu.

4．毎年という訳ではありませんが，時にはこういうこともあります。

5. काही वेळापासून आकाशात काळे ढग दिसतायत. ते पावसाळी ढग तर नाहीत ना ?

5. kāhī wēḷāpāsūn ākāśāt kāḷē ḍʰəg distāyət. tē pāwsāḷī ḍʰəg tər nāhīt nā ?

6. हो, ते पाऊस आणणारेच ढग आहेत. तिकडे पाऊस पडतोय असं वाटतंय.

6. hō, tē pāūs āṇṇārēç ḍʰəg āhēt. tikḍē pāūs pəḍtōy əsə̄ wāṭṭə̄y.

7. असंपण कळू शकतं का ?

7. əsə̄pəṇ kəḷū śəktə̄ kā ?

8. ते ढग जमिनीला लागलेले दिसतायत ना ? जेव्हा पाऊस येतो तेव्हाच असं दिसतं.

8. tē ḍʰəg zəminīlā lāglēlē distāyət nā ? jēwʰā pāūs yētō tēwʰāç əsə̄ distə̄.

9. अच्छा, हे तर फार मजेदार दृश्य आहे.

9. əccʰā, hē tər pʰār məzēdār druśśə āhē.

10. ते ढग हळूहळू इकडे येतायत असं दिसतं. कदाचित थोड्या वेळात इथेही पाऊस सुरू होईल.

10. tē ḍʰəg həḷūhəḷū ikḍē yētāyət əsə̄ distə̄. kədācit tʰōḍyā wēḷāt itʰēhī pāūs surū hōīl.

5．saki hodo kara kuroi kumo ga mierun desu ga, are wa ame no kumo de wa arimasen ka ?

5．先ほどから黒い雲が見えるんですが，あれは雨の雲ではありませんか？

6．aa, are wa ame no kumo desu ne. ano atari wa ame ga hutte iru yō desu.

6．ああ，あれは雨の雲ですね。あの辺りは雨が降っているようです。

7．sonna koto ga wakaru no desu ka ?

7．そんなことが分かるのですか？

8．ano kumo wa jimen to tsunagatte iru yō ni mieru desho. ame no toki wa anna hū ni narun desu.

8．あの雲は地面と繋がっているように見えるでしょ。雨のときはあんなふうになるんです。

9．naruhodo, kore wa omoshiroi nagame desu ne.

9．なるほど，これは面白い眺めですね。

10. ano kumo wa dandan kochira ni chikazuite iru yō da kara, mō shibaraku suru to, kono atari mo ame ni narimasu yo.

10. あの雲はだんだんこちらに近づいているようだから，もうしばらくすると，この辺りも雨になりますよ。

11－5. महाराष्ट्रातले प्राणी

1. फक्त महाराष्ट्रातच आढळतात असे प्राणी आहेत का ?

2. ऊं....., एकदम ध्यानात येत नाही.

3. जंगली प्राण्यांसाठी इथे अभयारण्य आहे का ?

4. मेळघाटात वन्यपशु अभयारण्य आहे असं ऐकलंय.

5. ते कुठे आहे ?

6. महाराष्ट्राच्या मध्यभागी उत्तरेला सीमेवर आहे.

7. मुंबईच्या जवळपासही असं काही आहे का ?

11－5. məhārāṣṭrātlē prāṇī

1. p^{h}əktə məhārāṣṭrātəç āḍ^{h}əḷtāt əsē prāṇī āhēt kā ?

2. ū̃...., ēkdəm d^{h}yānāt yēt nāhī.

3. jəṅglī prāṇyāṅsāṭ^{h}ī it^{h}ē əb^{h}əyārəṇṇyə āhē kā ?

4. mēḷg^{h}āṭāt wənnyəpəśu əb^{h}əyārəṇṇyə āhē əsə̄ əiklə̄y.

5. tē kuṭ^{h}ē āhē ?

6. məhārāṣṭrācā məddʰyəb^{h}āgī uttərēlā sīmēwər āhē.

7. mumbəicā zəwəḷpāshī əsə̄ kāhī āhē kā ?

11－5. mahārāshutora no dōbutsu

11－5. マハーラーシュトラの動物

1. mahārāshutora dake ni iru to yū yō na dōbutsu wa arimasu ka ?

1. マハーラーシュトラだけにいるというような動物はありますか？

2. sate, sugu ni wa omoitsukimasen ga.

2. さて，すぐには思いつきませんが。

3. yaseidōbutsu no hogoku wa arimasu ka ?

3. 野生動物の保護区はありますか？

4. mērugāto-yaseidōbutsu-hogoku to yū no ga aru to kiita koto ga arimasu.

4. メールガート野生動物保護区というのがあると聞いたことがあります。

5. sore wa doko ni arimasu ka ?

5. それはどこにありますか？

6. shū no chūōbu no kita no hashi no hō desu.

6. 州の中央部の北の端の方です。

7. munbai no chikaku ni mo sō yū tokoro wa arimasen ka ?

7. ムンバイの近くにもそういう所はありませんか？

8. बोरिवलीला राष्ट्रीय उद्यान आहे. तिथे सिंहांचा सफारी पार्क आहे असं ऐकलंय.

8. bōriwlīlā rāṣṭrīy uddyān āhē. tit^hē siw̃hāñçā səfārī pārk āhē əsə̄ əiklə̄y.

9. तिथले सिंह जंगली आहेत का ?

9. tit^hlē siw̃hə jəṅglī āhēt kā ?

10. मला माहीत नाही. जाऊन बघितल्याशिवाय कळणार नाही.

10. məlā māhīt nāhī. zāūn bəg^hitlyāśiwāy kəḷṇār nāhī.

12) क्रीडा आणि मनोरंजन

12) krīḍā āṇi mənōrəñjən

12– 1. क्रिकेट आणि हॉकी

12– 1. krikēṭ āṇi hɔ̄kī

1. भारतात सर्वात लोकप्रिय खेळ कोणता ?

1. b^hārtāt sərwāt lōkəpriyə k^hēḷ kōṇtā ?

2. अलीकडे वेगवेगळ्या प्रकारचे खेळ खेळतात. परंतु क्रिकेट आणि हॉकी पूर्वीपासून लोकप्रिय आहेत.

2. əlīkəḍē wēgwēgḷyā prəkārçē k^hēḷ k^hēḷtāt. pərəntu krikēṭ āṇi hɔ̄kī pūrvīpāsūn lōkəpriyə āhēt.

8. bōrivurī ni kokuritsukōen ga arimasu ga, soko ni raion no safari-pāku ga aru sō desu.

8. ボーリヴリーに国立公園がありますが，そこにライオンのサファリ・パークがあるそうです。

9. yasei no raion nan desu ka ?

9. 野生のライオンなんですか？

10. saa, dō deshō. itte minai koto ni wa wakarimasen.

10. さあ，どうでしょう。行って見ないことには分かりません。

12）スポーツと娯楽

12）supōtsu to goraku

12－1. kuriketto to hokkē

12－1. クリケットとホッケー

1. indo de ichiban ninki no aru supōtsu wa nan desu ka ?

1. インドで一番人気のあるスポーツは何ですか？

2. saikin wa ironna supōtsu ga okonawareru yō ni natte kimashita ga, yahari, kuriketto to hokkē ga dentōteki ni ninki ga arimasu.

2. 最近はいろんなスポーツが行われるようになってきましたが，やはり，クリケットとホッケーが伝統的に人気があります。

3. जपानमध्ये क्रिकेट तसा फारसा परिचित नाही. या खेळात एवढी काय गंमत आहे ?

3. jəpānmədʰyē krikēṭ təsā pʰārsā pəricit nāhī. yā kʰēḷāt ēwḍʰī kāy gəmmət āhē ?

4. काय गंमत आहे असं काय विचारता ? जपानमध्ये जसं बेसबॉल लोकप्रिय आहे ना तसंच इथे क्रिकेट लोकप्रिय आहे.

4. kāy gəmmət āhē əsə̄ kāy vicārtā ? jəpānmədʰyē zəsə̄ bēsbōl lōkəpriyə āhē nā təsə̄ç itʰē krikēṭ lōkəpriyə āhē.

5. म्हणूनच की काय, मी बऱ्याच वेळा बघतो, लोक रस्त्यावरून जाताना ट्रान्झिस्टर कानाला लावून कॉमेंट्री ऐकत असतात.

5. mʰəṇūnəç kī kāy, mī bəryāç wēḷā bəgʰtō, lōk rəstyāwərūn zātānā ṭrāñzʰisṭər kānālā lāwūn kōmeṇṭrī əikət əstāt.

6. खास करून जेव्हा विदेशी संघाशी सामना होतो तेव्हा लोकांना फार जोर चढतो.

6. kʰās kərūn jēwʰā vidēśī səṅgʰāśī sāmnā hōtō tēwʰā lōkānnā pʰār zōr çəḍʰtō.

7. अलीकडे हॉकीचं कसं काय आहे ? पूर्वी भारताला आंतरराष्ट्रीय स्पर्धेत वरचेवर अजिंक्यपद मिळत असे.

7. əlīkəḍē hōkīçə̄ kəsə̄ kāy āhē ? pūrvī bʰārtālā āntərrāṣṭrīy spərdʰēt wərçēwər əjiṅkyəpəd miḷət əsē.

8. आता भारत हॉकीमध्ये पूर्वीसारखा जोरदार राहिला नाही. त्याची आम्हाला चिंता वाटते.

8. ātā bʰārət hōkīmədʰyē pūrvīsārkʰā zōrdār rāhilā nāhī. tyācī āmʰālā cintā wāṭtē.

3．kuriketto wa nihon de wa amari najimi ga nai no desu ga, doko ga omoshiroi no desu ka ?

3．クリケットは日本ではあまり馴染みがないのですが，どこが面白いのですか？

4．doko ga omoshiroi ka desutte ? nihon de yakyū ni ninki ga aru no to onaji koto desu yo.

4．どこが面白いかですって？ 日本で野球に人気があるのと同じことですよ。

5．dakara deshō ka ne, rajio no jikkyōchūkei o kikinagara michi o aruite iru hito o yoku mikakemasu.

5．だからでしょうかね，ラジオの実況中継を聞きながら道を歩いている人をよく見かけます。

6．tokuni gaikoku to no tesuto-macchi no toki wa, mina atsuku narun desu.

6．特に外国とのテストマッチの時は，皆熱くなるんです。

7．hokkē wa saikin ikaga desu ka ? izen indo wa kokusaitaikai de yoku yūshō shimashita ga.

7．ホッケーは最近いかがですか？ 以前インドは国際大会でよく優勝しましたが。

8．kono tokoro indo no hokkē wa izen hodo tsuyoku nai no de, shinpai nan desu.

8．このところインドのホッケーは以前ほど強くないので，心配なんです。

9. राष्ट्रीय संघाकडे सरकारपण लक्ष देत असेल ना ?

9. rāṣṭrīy səṅg^{h}ākəḍē sərkārpəṇ ləkṣə dēt əsēl nā ?

10. हो, देतं ना. नजीकच्या काळात भारतीय संघ पुन्हा शक्तिशाली बनलेला दिसेल.

10. hō, dētə̃ nā. nəjīkcā kāḷāt b^{h}ārtīy səṅg^h pun^{h}ā śəktiśālī bənlēlā disēl.

12－2. हुतुतू

12－2. hututū

1. अरे, तिथे लोक आनंदात काही तरी खेळ खेळतायत.

1. ərē, tit^{h}ē lōk ānəndāt kāhī tərī k^{h}eḷ k^{h}eḷtāyət.

2. तो हुतुतू नावाचा खेळ आहे.

2. tō hututū nāwāçā k^{h}eḷ āhē.

3. मला वाटतं हा खेळ मी कुठेतरी बघितला असावा. हा माझा गैरसमज तर नाही ना ?

3. məlā wāṭtə̃ hā k^{h}ēḷ mī kuṭ^{h}ētərī bəg^{h}itlā əsāwā. hā māz^{h}ā gəirsəməz tər nāhī nā ?

4. नाही, गैरसमज नाही. उत्तर भारतात या खेळाला कबड्डी म्हणतात.

4. nāhī, gəirsəməz nāhī. uttər b^{h}ārtāt yā k^{h}ēḷālā kəbəḍḍī m^{h}əṇtāt.

9. nashonaru-chīmu ni wa kuni mo chikara o ireterun desho ?

9. ナショナルチームには国も力を入れてるんでしょ？

10. hai, iretemasu. chikai shōrai, mata tsuyoi indo o omise shimasu yo.

10. はい，入れてます。近い将来，また強いインドをお見せしますよ。

12－2. hututu

12－2. フトゥトゥ

1. oya, asoko de nani yara tanoshisō ni yatteru ne.

1. おや，あそこで何やら楽しそうにやってるね。

2. are wa hututu to yū gēmu da.

2. あれはフトゥトゥというゲームだ。

3. kono gēmu wa dokoka de mita yō na ki ga surunda kedo, ki no sei ka naa ?

3. このゲームはどこかで見たような気がするんだけど，気のせいかなあ？

4. iya, ki no sei ja nai yo. kita indo de wa kabaddi to yūn da.

4. いや，気のせいじゃないよ。北インドではカバッディというんだ。

5. हो ना ? म्हणूनच मला असं वाटलं. कबड्डी जसं खेळतात तसंच ते खेळतायत.	5. hō nā ? mʰəṇūnəç məlā əsə̄ wāṭlə̄. kəbəḍḍī zəsə̄ kʰeḷtāt təsə̄ç tē kʰeḷtāyət.
6. फरक इतकाच आहे की कबड्डी-कबड्डी म्हणण्याऐवजी हुतूतूतू.....म्हटलं जातं.	6. pʰərək itkāç āhē kī kəbəḍḍī kəbəḍḍī mʰəṇṇyāəiwjī hutūtūtūtū....mʰəṭlə̄ zātə̄.
7. शब्दात असा फरक कसा पडला ?	7. śəbdāt əsā pʰərək kəsā pəḍlā ?
8. मला माहीत नाही, पण मी चौकशी करीन.	8. məlā māhīt nāhī, pəṇ mī çəukəśī kərīn.
9. हुतुतू हे नाव फक्त महाराष्ट्रामध्येच आहे का ?	9. hututū hē nāw pʰəktə məhārāṣṭrāmədʰyēç āhē kā ?
10. नाही, माझ्या माहितीनुसार गुजरातमध्येही हेच नाव आहे. इतर काही भागांमध्येसुद्धा हे नाव वापरलं जात असेल असं मला वाटतं.	10. nāhī, mājʰā māhitīnusār guzrātmədʰyēhī hēç nāw āhē. itər kāhī bʰāgāmmədʰyēsuddʰā hē nāw wāpərlə̄ zāt əsēl əsə̄ məlā wāṭṭə̄.

5. sō de sho. dōri de sō yū ki ga shitan da. yatteru koto wa onaji da mon ne.	5. そうでしょ。道理でそういう気がしたんだ。やってることは同じだもんね。
6. chigau no wa kabaddi kabaddi to yū tokoro o hututututu to yū tokoro dake da ne.	6. 違うのは，カバッディカバッディというところをフトゥトゥトゥトゥというところだけだね。
7. dō shite sono iikata ga chigaun darō ?	7. どうしてその言い方が違うんだろう？
8. saane. shirabete okō.	8. さあね。調べておこう。
9. hututu to yū no wa mahārāshutora dake na no ?	9. フトゥトゥというのはマハーラーシュトラだけなの？
10. iya, tashika gujarāto de mo sō yū hazu da. hoka no chihō de mo hiroku tsukawareteru to omou yo.	10. いや，確かグジャラートでもそういう筈だ。他の地方でも広く使われてると思うよ。

12－3. बोलपट

1. हीच का ती फिल्मसिटी ? मला खूप आवडली.

2. जेव्हा शूटिंग चालू असतं, तेव्हा इथे खूप धमाल असते.

3. प्रसिद्ध सिनेनटांना पाहता येईल का ?

4. योग असेल, तर त्यांच्याबरोबर फोटोही काढू शकू.

5. इथे मुख्यतः हिंदी बोलपटांचं शूटिंग केलं जातं असं मी ऐकलंय.

6. बरोबर आहे. बहुतेक हिंदीच असतात. हिंदी असेल, तर तो बोलपट देशभरात दाखवला जाऊ शकतो त्यामुळे असं आहे.

7. एका वर्षात किती मराठी बोलपट बनवले जातात ?

12－3. bōlpəṭ

1. hīç kā tī filmsiṭī ? məlā k^{h}ūp āwəḍlī.

2. jēw^{h}ā śūṭiṅg çālū əstə̄, tēw^{h}ā it^{h}ē k^{h}ūp d^{h}əmāl əstē.

3. prəsidd^{h}ə sinēnəṭānnā pāhətā yēīl kā ?

4. yōg əsēl, tər tyāñcābərōbər fōṭōhī kāḍ^{h}ū śəkū.

5. it^{h}ē mukk^{h}yətəhə hindī bōlpəṭāñçə̄ śūṭiṅg kēlə̄ zātə̄ əsə̄ mī əiklə̄y.

6. bərōbər āhē. bəhutēk hindīç əstāt. hindī əsēl, tər tō bōlpəṭ dēśb^{h}ərāt dāk^{h}əwlā zāū śəktō tyāmuḷē əsə̄ āhē.

7. ēkā wərṣāt kitī mərāṭ^{h}ī bōlpəṭ bənəwlē zātāt ?

12－3．eiga

12－3．映画

1．kore ga firumu-sitī desu ka. nakanaka omoshiroi desu ne.

1．これがフィルム・シティーですか。なかなか面白いですね。

2．satsuei o shiteiru toki wa nigiyakada kara ne.

2．撮影をしている時は賑やかだからね。

3．yūmeina sutā ni aeru ka nā ?

3．有名なスターに会えるかなあ？

4．un ga yokereba, issho ni shashin mo toreru yo.

4．運が良ければ一緒に写真も撮れるよ。

5．koko de totteru eiga wa omo ni hindī no eiga da sō da ne.

5．ここで撮ってる映画は主にヒンディーの映画だそうだね。

6．sō, daitai wa hindī da ne. hindī da to kunijū de kōgyō dekiru kara.

6．そう，大体はヒンディーだね。ヒンディーだと国中で興行できるから。

7．marātī no eiga wa nen ni nanbon gurai dekirun darō ?

7．マラーティーの映画は年に何本ぐらいできるんだろう？

8 . हिंदीच्या तुलनेत फार कमी.

8 . hindīcā tulnēt p^{h}ār kəmī.

9 . मी जो बोलपट बघितला आहे त्यात स्मिता पाटील नायिका होती.

9 . mī zō bōlpəṭ bəg^{h}itlā āhē tyāt smitā pāṭil nāyikā hōtī.

10. ती फार छान अभिनेत्री होती. तिला अकाली मरण आले हे दुर्दैव.

10. tī p^{h}ār c^{h}ān əb^{h}inētrī hōtī. tilā əkālī mərəṇ ālē hē durdəiw.

12－ 4 . नाटक पाहणे

12－ 4 . nāṭək pāhəṇē

1 . आज आपण मराठी नाटक पाहायला जाऊ या का ?

1 . āz āpəṇ mərāṭ^{h}ī nāṭək pāhāylā zāū yā kā ?

2 . होय, जाऊ या ना. कुठलं नाटक आहे ?

2 . hōy, zāū yā nā. kuṭ^{h}lə nāṭək āhē ?

3 . शिवाजी नाट्यमंदिरात विश्वास पाटलांचं “रणांगण” चाललं आहे. फार गाजलेलं नाटक आहे.

3 . śiwājī nāṭyəməndirāt viśwās pāṭlāñçə “rəṇāṅgəṇ” çāllə āhē. p^{h}ār gāzlēlə nāṭək āhē.

4 . कथानक काय आहे ?

4 . kət^{h}ānək kāy āhē ?

8. hindī to kurabetara totemo sukunai yo.

8. ヒンディーと比べたらとても少ないよ。

9. sumitā-pātīru ga shuen shita eiga o mita koto ga aru yo.

9. スミター・パーティールが主演した映画を見たことがあるよ。

10. kanojo wa ii joyū datta. hayaku nakunatta no wa zannen da.

10. 彼女はいい女優だった。早く亡くなったのは残念だ。

12－4. engeki kanshō

12－4. 演劇鑑賞

1. kyō wa geki o mi ni ikimasen ka ?

1. 今日は劇を見に行きませんか？

2. sore wa ii desu ne. doko no gekijō desu ka ?

2. それはいいですね。どこの劇場ですか？

3. shivājī-nātiya-mandiru de vishuwāsu-pātīru no “senjō” o yatte imasu. ima wadai no sakuhin desu.

3. シヴァージー・ナーティヤ・マンディルでヴィシュワース・パーティールの『戦場』をやっています。今話題の作品です。

4. donna ohanashi desu ka ?

4. どんなお話ですか？

5. पानिपतच्या युद्धाबद्दल कधी ऐकलंय का ? त्या युद्धाबद्दलचं कथानक आहे.

5. pānipətcā yudd^{h}ābəddəl kəd^{h}ī əikləy kā ? tyā yudd^{h}ābəddəlçə kət^{h}ānək āhē.

6. बरं. तसं महाराष्ट्रात नाटक लोकप्रिय आहे का ?

6. bərə. təsə məhārāṣṭrāt nāṭək lōkəpriy āhē kā ?

7. हो ना. खूपच. आणि त्याला जुना इतिहासपण आहे. आधुनिक नाटकाला आरंभ होऊन शंभर वर्षांपेक्षा जास्त काळ लोटला आहे.

7. hō nā. k^{h}ūpəç. āṇi tyālā zunā itihāspəṇ āhē. ād^{h}unik nāṭkālā ārəmb^{h} hōūn śəmb^{h}ər wərṣāmpēkṣā jāstə kāḷ lōṭlā āhē.

8. खेडेगावामध्ये नाटकाचा वेगळा प्रकार आहे का ?

8. k^{h}ēḍēgāwāməd^{h}yē nāṭkāçā wēgḷā prəkār āhē kā ?

9. खेडेगावात तमाशा नावाचा नाट्यप्रकार आहे. त्याला सध्या लोकनाट्य म्हणतात.

9. k^{h}ēḍēgāwāt təmāśā nāwāçā nāṭṭyəprəkār āhē. tyālā səd^{h}yā lōknāṭṭyə m^{h}əṇtāt.

10. ते मला आवर्जून पाहायचंच आहे.

10. tē məlā āwərzūn pāhāyçəç āhē.

5．pānīpatto no tatakai ni tsuite kiita koto ga arimasu ka？ sono sensō ni tsuite no ohanashi desu.	5．パーニーパットの戦いについて聞いたことがありますか？その戦争についてのお話です。
6．sō desu ka. tokorode mahārāshutora de wa engeki wa ninki ga arimasu ka？	6．そうですか。ところでマハーラーシュトラでは演劇は人気がありますか？
7．hai, sugoku ninki ga aru shi, rekishi mo huruin desu. kindai-engeki ga hajimatte hyaku-nen ijō ni narimasu.	7．はい，すごく人気があるし，歴史も古いんです。近代演劇が始まって100年以上になります。
8．inaka ni wa betsu no engeki ga arimasu ka？	8．田舎には別の演劇がありますか？
9．inaka ni wa tamāshā to yū engeki ga arimasu. saikin wa taishū-engeki to yobarete imasu ga.	9．田舎にはタマーシャーという演劇があります。最近は大衆演劇と呼ばれていますが。
10. sore wa zehi mite mitai desu ne.	10. それはぜひ見てみたいですね。

12－5. दूरदर्शनवरचे कार्यक्रम

1. आज मराठी वाहिनीवर
धारावाहिक दाखवणार आहेत.

2. हो की. आजच्या धारावाहिकाची
सगळे लोक वाट पाहत असतात.

3. दुपारी स्टार टीव्हीवर अमेरिकन
चित्रपट दाखवणार आहेत.

4. हो, तो चित्रपटही मला पाहायचाच
आहे.

5. संध्याकाळी झीवर प्रश्नमंजुषा
कार्यक्रम आहे.

6. तो मी जरूर पाहीन. त्या
कार्यक्रमाचा सूत्रधार फार विनोदी
माणूस आहे.

7. रात्री दूरदर्शनच्या पहिल्या
वाहिनीवर चांगला माहितीपट
दाखवणार आहेत.

12－5. dūrdərśənwərçē kāryəkrəm

1. āz mərāṭ^{h}ī wāhinīwər
d^{h}ārāwāhik dāk^{h}əwṇār āhēt.

2. hō kī. āzcā d^{h}ārāwāhikācī səgḷē
lōk wāṭ pāhət əstāt.

3. dupārī sṭār ṭīv^{h}īwər əmērikən
cittrəpəṭ dāk^{h}əwṇār āhēt.

4. hō, tō cittrəpəṭhī məlā pāhāyçāç
āhē.

5. sənd^{h}yākāḷī z^{h}īwər
prəśnəmənjuṣā kāryəkrəm āhe.

6. tō mī zərūr pāhīn. tyā
kāryəkrəmāçā sūtrəd^{h}ār p^{h}ār
vinōdī māṇūs āhē.

7. rātrī dūrdərśəncā pəhilyā
wəhinīwər çāṅglā māhitīpəṭ
dāk^{h}əwṇār āhēt.

12－5．terebi bangumi

12－5．テレビ番組

1．kyō wa marātī-go channeru de renzoku dorama ga arimasu ne.

1．今日はマラーティー語チャンネルで連続ドラマがありますね。

2．hai. kyō no dorama wa minna tanoshimi ni shite imasu.

2．はい。今日のドラマはみんな楽しみにしています。

3．ohiru ni sutātīvī de amerika no eiga ga arimasu.

3．お昼にスターTVでアメリカの映画があります。

4．un, sono eiga mo minakucha narimasen.

4．うん，その映画も見なくちゃなりません。

5．yūgata ni wa zī de kuizu-bangumi ga arimasu yo.

5．夕方にはZでクイズ番組がありますよ。

6．are wa zettai mimasu. shikaisha ga yukaina otoko nan desu.

6．あれは絶対見ます。司会者が愉快な男なんです。

7．yoru ni wa dūrudarushan no ic-channeru de ii dokyumentarī ga arimasu.

7．夜にはドゥールダルシャンの1チャンネルでいいドキュメンタリーがあります。

8. असा कार्यक्रम चुकवता कामा नये.

8. əsā kāryəkrəm çukəwtā kāmā nəyē.

9. त्यानंतर रात्री अकरा वाजता मेट्रोवर आपल्या आवडत्या कवींचं संमेलन आहे.

9. tyānəntər rātrī əkrā wāztā mēṭrōwər āplyā āwəḍtyā kəvīñçə̄ səmmēlən āhē.

10. ही तर पंचाईत झाली. म्हणजे आज मला दिवसभर टीव्हीला चिकटून बसावं लागणार.

10. hī tər pəñcāīt z^hālī. m^həṇjē āz məlā diwəsb^{h}ər ṭīv^{h}īlā cikṭūn bəsāwə̄ lāgṇār.

13) महाराष्ट्राचा इतिहास, समाज आणि संस्कृती

13) məhārāṣṭrāçā itihās, səmāj āṇi səw̃skrutī

13－1. महाराष्ट्राचा इतिहास

13－1. məhārāṣṭrāçā itihās

1. महाराष्ट्राच्या इतिहासातली सगळ्यात महत्त्वाची व्यक्ती कोण आहे ?

1. məhārāṣṭrācā itihāsātlī səgḷyāt məhəttwācī vyəktī kōṇ āhē ?

2. अर्थात शिवाजी महाराज !

2. ərt^{h}āt śiwājī məhārāj !

3. का बरं ?

3. kā bərə̄ ?

8. sō yū no wa minogashicha ikemasen.

8. そういうのは見逃しちゃいけません。

9. sono ato, jūichi-ji kara anata no osukina shijintachi no rōdokukai ga arimasu.

9. そのあと，11時からあなたのお好きな詩人たちの朗読会があります。

10. kore wa komatta zo. kyō wa ichinichijū terebizuke ni nari sō da.

10. これは困ったぞ。今日は 1日中テレビ漬けになりそうだ。

13) マハーラーシュトラの歴史・社会・文化

13) mahārāshutora no rekishi, shakai, bunka

13－1. mahārāshutora no rekishi

13－1. マハーラーシュトラの歴史

1. mahārāshutora no rekishijō zuiichi no eiyū to ieba dare desu ka ?

1. マハーラーシュトラの歴史上随一の英雄といえば誰ですか？

2. mochiron shivājī desu ne.

2. もちろんシヴァージーですね。

3. sore wa dō shite desu ka ?

3. それはどうしてですか？

4. त्यांनी मराठी राज्य स्थापन केलं आणि मराठी लोकांमध्ये राष्ट्राभिमान जागृत केला.	4. tyānnī mərāṭʰī rājjə stʰāpən kēlə āṇi mərāṭʰī lōkāmmədʰyē rāṣṭrābʰimān jāgrut kēlā.
5. त्यांच्यानंतर मराठी राज्याचं काय झालं ?	5. tyāñcānəntər mərāṭʰī rājjāçə kāy zʰālə ?
6. त्यांच्यानंतर राज्य एवढं मोठं झालं की अठराव्या शतकाच्या शेवटाला मराठी वीरांनी दिल्लीपर्यंत राज्याचा विस्तार केला. तसं ते राज्य म्हणजे अनेक सरदारांची सरंजामशाही होती. त्याला मराठेशाही म्हणत.	6. tyāñcānəntər rājjə ēwḍʰə mōṭʰə zʰālə kī əṭʰrāvyā śətkācā śēwṭālā mərāṭʰī vīrānnī dillīpəryənt rājjāçā vistār kēlā. təsə tē rājjə mʰəṇjē ənēk sərdārāñcī sərəñjāmśāhī hōtī. tyālā mərāṭʰēśāhī mʰəṇət.
7. त्या सरदारांची संस्थानं इंग्रजी राजवटीतही अस्तित्वात होती का ?	7. tyā sərdārāñcī səw̃stʰānə iṅgrəjī rājwəṭīthī əstittwāt hōtī kā ?
8. हो, काही संस्थानं होती. त्यात गंमत अशी झाली की अधिकतर संस्थानं आजच्या महाराष्ट्राच्या बाहेरच होती.	8. hō, kāhī səw̃stʰānə hōtī. tyāt gəmmət əśī zʰālī kī ədʰiktər səw̃stʰānə āzcā məhārāṣṭrācā bāhērəç hōtī.

4. kare wa marātā-ōkoku o tate, mahārāshutora no hitobito ni minzoku no hokori o mezamesaseta no desu.

4. 彼はマラーター王国を建て，マハーラーシュトラの人々に民族の誇りを目覚めさせたのです。

5. kare no ato marātā-ō koku wa dō narimashita ka ?

5. 彼のあと，マラーター王国はどうなりましたか？

6. kare no ato ōkoku wa totemo ōkiku natte, jūhas-seiki no owari ni wa derī ni made ryōdo o kakudai shimashita. mottomo, sono ōkoku wa ōku no hōkenshokō no rengōtai de marātā-rengō to yobarete imashita.

6. 彼のあと王国はとても大きくなって，18世紀の終わりにはデリーにまで領土を拡大しました。もっとも，その王国は多くの封建諸侯の連合体で，マラーター連合と呼ばれていました。

7. sorera no shokō no kuni wa igirisu jidai ni mo sonzoku shite imashita ka ?

7. それらの諸侯の国はイギリス時代にも存続していましたか？

8. hai, ikutsuka no han'ōkoku ga arimashita ga, hinikuna koto ni, ōku no kuni ga konnichi no mahārāshutora no soto ni arimashita.

8. はい，いくつかの藩王国がありましたが，皮肉なことに，多くの国が今日のマハーラーシュトラの外にありました。

9. सध्याचा जो महाराष्ट्र आहे तो स्वातंत्र्यप्राप्तीच्या वेळी अस्तित्वात आला का ?	9. sədʰyāçā zō məhārāṣṭrə āhē tō swātəntryəprāpticā wēḷī əstittwāt ālā kā ?
10. नाही, एकोणीसशेसाठमध्ये भाषिक तत्त्वावर राज्यांची पुनर्रचना झाली तेव्हा आजचा महाराष्ट्र जन्माला आला.	10. nāhī, ekōṇīsśēsāṭʰmədʰyē bʰāṣik təttwāwər rājjāñcī punərrəcnā zʰālī tēwʰā āzçā məhārāṣṭrə jənmālā ālā.

13– 2. महाराष्ट्रातले उद्योगधंदे — 13– 2. məhārāṣṭrātlē uddyōgdʰəndē

1. महाराष्ट्रातल्या उद्योगधंद्यांची विशेषता काय आहे ?	1. məhārāṣṭrātlyā uddyōgdʰəndyāñcī viśēṣtā kāy āhē ?
2. इथे शेती आणि कारखानदारी यांच्यात अतूट संबंध आहे आणि दोन्हीची भरभराट आहे .	2. itʰē śētī āṇi kārkʰāndārī yāñcāt ətūṭ səmbəndʰ āhē āṇi dōnʰīcī bʰərbʰərāṭ āhē.
3. एखादं उदाहरण सांगता ?	3. ēkʰādə̄ udāhərəṇ sāṅgtā ?
4. साखर उद्योग आणि कापूस उद्योग ही चांगली उदाहरणं आहेत.	4. sākʰər uddyōg āṇi kāpūs uddyōg hī çāṅglī udāhərṇə̄ āhēt.

9． genzai no mahārāshutora-shū wa dokuritsu to dōji ni dekiagatta no desu ka ?

9．現在のマハーラーシュトラ州は独立と同時に出来あがったのですか？

10. iie, sen-kyūhyaku-rokujū-nen ni gengo ni motozuku shū no saihensei ga okonawareta toki, konnichi no mahārāshutora-shū ga tanjō shimashita.

10. いいえ，1960年に言語に基づく州の再編成が行われた時，今日のマハーラーシュトラ州が誕生しました。

13－2． mahārāshutora no sangyō

13－2．マハーラーシュトラの産業

1． mahārāshutora no sangyō no tokuchō o oshiete kudasai.

1．マハーラーシュトラの産業の特徴を教えてください。

2． koko de wa nōgyō to kōgyō ni missetsuna kankei ga atte, dochira mo yoku han'ei shite imasu.

2．ここでは農業と工業に密接な関係があって，どちらもよく繁栄しています。

3． dō yū rei ga arimasu ka ?

3．どういう例がありますか？

4． seitōgyō to menkōgyō ga yoi rei desu.

4．製糖業と綿工業が良い例です。

5. कापूस उद्योग विकसित होण्यास काय काय कारणं आहेत ?

5. kāpūs uddyōg viksit hōṇyās kāy kāy kārṇə̄ āhēt ?

6. दख्खनच्या पठारावर मोठ्या प्रमाणावर कापूस पिकवला जातो हे पहिलं कारण, आणि आयातनिर्यातीसाठी मुंबई बंदर पूर्वीपासून विकसित झालेलं होतं हे दुसरं कारण.

6. dəkk^{h}əncā pəṭ^{h}ārāwər mōṭ^{h}yā prəmāṇāwər kāpūs pikəwlā zātō hē pəhilə̄ kārəṇ, āṇi āyātniryātīsāṭ^{h}ī mumbəī bəndər pūrvīpāsūn viksit z^{h}ālēlə̄ hōtə̄ hē dusrə̄ kārəṇ.

7. कापूस आणि ऊस यांच्याव्यतिरिक्त काय काय पिकं आहेत ?

7. kāpūs āṇi ūs yāñcāvyətiriktə kāy kāy pikə̄ āhēt ?

8. फळांमध्ये आंबा, द्राक्ष, संत्रं आणि भाजीमध्ये कांदा मोठ्या प्रमाणावर पिकवला जातो. धान्यामध्ये बाजरी, जोंधळा बऱ्यापैकी पिकवला जातो.

8. p^{h}əḷāmməd^{h}yē āmbā, drākṣə, səntrə̄ āṇi b^{h}ājīməd^{h}yē kāndā mōṭ^{h}yā prəmāṇāwər pikəwlā zātō. d^{h}ānnyāməd^{h}yē bāzrī, zōnd^{h}ḷā bəryāpəikī pikəwlā zātō.

9. तांदळाची शेती केली जात नाही का ?

9. tāndḷācī śētī kēlī zāt nāhī kā ?

5. menkōgyō ga hattatsu shita no ni wa dō yū haikei ga arimasu ka ?

5. 綿工業が発達したのにはどういう背景がありますか？

6. daiichi ni dekan-kōgen ga menka no daisanchi de aru koto, daini ni wa munbai-kō ga hayaku kara hatten shite ita koto desu.

6. 第一にデカン高原が綿花の大産地であること，第二にはムンバイ港が早くから発展していたことです。

7. menka to satōkibi no hoka ni dō yū nōsanbutsu ga arimasu ka ?

7. 綿花と砂糖黍の他にどういう農産物がありますか？

8. kudamono de wa mangō, budō, mikan, yasai de wa tamanegi ga ōku saibai saremasu. kokumotsu de wa bāzurī, zōndorā ni kanari no seisan ga arimasu.

8. 果物ではマンゴー，葡萄，蜜柑，野菜では玉葱が多く栽培されます。穀物ではバーズリー，ゾーンドラーにかなりの生産があります。

9. kome wa saibai sarete nai no desu ka ?

9. 米は栽培されてないのですか？

10. का नाही ? कोकणामध्ये खूप पाऊस पडतो, त्यामुळे तिथे तांदळाची पुष्कळ लागवड केली जाते.

10. kā nāhī ? kōkṇāmədʰyē kʰūp pāūs pəḍtō, tyāmuḷē titʰē tāndḷācī puṣkəḷ lāgwəḍ kēlī zātē.

13－3. महाराष्ट्रातला समाज

13－3. məhārāṣṭrātlā səmāj

1. भारत विविधतेचा देश आहे असं वरचेवर म्हटलं जातं. हे महाराष्ट्रालाही लागू पडेल का ?

1. bʰārət vividʰtēçā dēś āhē əsə̄ wərçēwər mʰəṭlə̄ zātə̄. hē məhārāṣṭrālāhī lāgū pəḍēl kā ?

2. हो, लागू पडेल.

2. hō, lāgū pəḍēl.

3. उदाहरणार्थ ?

3. udāhərṇārtʰə ?

4. एक म्हणजे इथे भिन्न भिन्न भाषिक लोक राहतात.

4. ēk mʰəñjē itʰē bʰinnə bʰinnə bʰāṣik lōk rāhətāt.

5. असं ? मला वाटत होतं की इथे फक्त मराठी भाषिकच राहतात.

5. əsə̄ ? məlā wāṭət hōtə̄ kī itʰē pʰəktə mərāṭʰī bʰāṣikəç rāhətāt.

10. saretemasu yo. kōnkan-chihō wa takusan ame ga hurimasu kara, kome no saibai ga sakan desu.

10. されてますよ。コーンカン地方はたくさん雨が降りますから，米の栽培が盛んです。

13－3. mahārāshutora no shakai

13－3. マハーラーシュトラの社会

1. indo wa tayōsei no shakai to yoku iwaremasu ga, sono koto wa mahārāshutora ni mo atehamarimasu ka ?

1. インドは多様性の社会とよく言われますが，そのことはマハーラーシュトラにも当てはまりますか？

2. hai, atehamarimasu.

2. はい，当てはまります。

3. tatoeba, do yū rei ga arimasu ka ?

3. 例えば，どういう例がありますか？

4. mazu, koko ni wa ironna gengo no hitobito ga sunde imasu.

4. まず，ここにはいろんな言語の人々が住んでいます。

5. sō desu ka. watashi wa marātī-go no hito dake ka to omottemashita.

5. そうですか。私はマラーティー語の人だけかと思ってました。

6. नाही, असं नाही. इथे मुख्यतः मराठी भाषिक राहतात हे खरं, पण राज्याच्या पूर्व आणि उत्तर भागांत पुष्कळ आदिवासी लोक राहतात. तसंच मुंबईसारख्या मोठ्या शहरांत इतर राज्यांतून आलेले भिन्न भिन्न भाषिक लोकही पुष्कळ राहतात.

6. nāhī, əsə̄ nāhī. itʰē mukkʰyətəhə mərāṭʰī bʰāṣik rāhətāt hē kʰərə̄, pəṇ rājjācā pūrwə āṇi uttər bʰāgānt puṣkəḷ ādiwāśī lōk rāhətāt. təsə̄ç mumbəīsārkʰyā mōṭʰyā śəhərānt itər rājjāntūn ālēlē bʰinnə bʰinnə bʰāṣik lōkhī puṣkəḷ rāhətāt.

7. भाषेचा प्रश्न उद्भवत नाही का ?

7. bʰāṣēçā prəśnə udbʰəwət nāhī kā ?

8. भाषेची तशी फारशी अडचण नाही. कारण इथल्या लोकांना चांगलं हिंदी येतं.

8. bʰāṣēcī təśī pʰārśī əḍçəṇ nāhī. kārəṇ itʰlyā lōkānnā çāṅglə̄ hindī yētə̄.

9. भाषेव्यतिरिक्त धर्म, जाती या बाबतीतही विविधता आहे का ?

9. bʰāṣēvyətiriktə dʰərmə, zātī yā bābtīthī vividʰtā āhē kā ?

10. हो, आहे ना. मला असं वाटतं की ही विविधताच संपन्नता होऊ शकेल असा समाज निर्माण करणं हाच भारताचा आदर्श आहे.

10. hō, āhē nā. məlā əsə̄ wāṭtə̄ kī hī vividʰtāç səmpənnətā hōū śəkēl əsə̄ səmāj nirmāṇ kərṇə̄ hāç bʰārtāçā ādərśə āhē.

6. ie, so yū koto wa arimasen. marātī-go no hito ga shu de aru koto wa tashika desu ga, shū no tōbu ya hokubu ni wa senjū-minzoku mo ōku imasu. mata, munbai no yō na daitoshi ni wa hoka no shū kara kita ironna gengo no hitobito mo takusan sunde imasu.

6. いえ，そういうことはありません。マラーティー語の人が主であることは確かですが，州の東部や北部には先住民族も多くいます。また，ムンバイのような大都市には他の州から来たいろんな言語の人々もたくさん住んでいます。

7. gengo-mondai wa okoranai no desu ka ?

7. 言語問題は起こらないのですか？

8. gengo wa sahodo mondai ni wa narimasen. to iimasu no wa, mahārāshutora no hitobito wa hindī-go o yoku rikai shite iru kara desu.

8. 言語はさほど問題にはなりません。と言いますのは，マハーラーシュトラの人々はヒンディー語をよく理解しているからです。

9. gengo no hoka ni shūkyō ya kāsuto nado ni mo tayōsei ga miraremasu ka ?

9. 言語の他に宗教やカーストなどにも多様性が見られますか？

10. hai. sō yū tayōsei ga yutakasa to naru yō na shakai o tsukuru koto ga indo no risō da to omoimasu.

10. はい。そういう多様性が豊かさとなるような社会を創ることがインドの理想だと思います。

13– 4. महाराष्ट्रातला धर्म

1. महाराष्ट्रात सगळ्यात जास्त हिंदूच आहेत ना ?

2. होय. सुमारे ऐंशी टक्के लोक हिंदू आहेत.

3. हिंदूंव्यतिरिक्त कोणकोणत्या धर्माचे लोक आहेत ?

4. हिंदूंनंतर मुसलमान, त्यानंतर बौद्ध आणि ख्रिस्ती. त्याशिवाय जैन, पारशी, यहुदी वगैरे आहेत.

5. महाराष्ट्रातल्या हिंदू लोकांचं खास आवडतं असं दैवत कोणतं ?

13– 4. məhārāṣṭrātlā d^{h}ərmə

1. məhārāṣṭrāt səgḷyāt jāst hindūç āhēt nā ?

2. hōy. sumārē əinśī ṭəkkē lōk hindū āhēt.

3. hindūn̊vyətiriktə kōṇkōṇtyā d^{h}ərmāçē lōk āhēt ?

4. hindūnnəntər musəlmān, tyanəntər bəudd^{h}ə āṇi k^{h}ristī. tyāśiwāy jəin, pārśī, yəhudī wəgəirē āhēt.

5. məhārāṣṭrātlyā hindū lōkāñçə̄ k^{h}ās āwəḍtə̄ əsə̄ dəiwət kōṇtə̄ ?

13－4. mahārāshutora no shūkyō

13－4. マハーラーシュトラの宗教

1. mahārāshutora de ichiban ōi no wa hindū-kyōto desu ne ?

1. マハーラーシュトラで一番多いのはヒンドゥー教徒ですね？

2. hai, yaku hachi-wari ga hindū-kyōto desu.

2. はい，約8割がヒンドゥー教徒です。

3. hindū no hoka ni dō yū shūkyō no hitobito ga imasu ka ?

3. ヒンドゥーの他にどういう宗教の人々がいますか？

4. hindū no tsugi wa isuramu-kyōto, soshite, bukkyōto, kirisuto-kyōto desu. sono hoka ni jaina-kyō, zoroasutā-kyō, yudaya-kyō nado no hitobito mo imasu.

4. ヒンドゥーの次はイスラム教徒，そして，仏教徒，キリスト教徒です。その他にジャイナ教，ゾロアスター教，ユダヤ教などの人々もいます。

5. mahārāshutora no hindū-kyōto ga toku ni suki na kamisama wa dare desu ka ?

5. マハーラーシュトラのヒンドゥー教徒が特に好きな神様は誰ですか？

6. इथे विठ्ठल आणि गणेश लोकांना आवडतो.	6. itʰē viṭṭʰəl āṇi gəṇēś lōkānnā āwəḍtō.
7. वारकरी हे विठ्ठलाचे भक्त आहेत ना ?	7. wārkərī hē viṭṭʰəlāçē bʰəktə āhēt nā ?
8. हो. पंढरपूरची वारी करून विठ्ठलाची पूजा जे करतात त्या लोकांनाच वारकरी म्हणतात.	8. hō. pəṇḍʰərpūrcī wārī kərūn viṭṭʰəlācī pūjā zē kərtāt tyā lōkānnāç wārkərī mʰəṇtāt.
9. गणेशाची पूजा कशी करतात ?	9. gəṇēśācī pūjā kəśī kərtāt ?
10. गणेशाच्या पूजेसाठी गणेशोत्सवच आहे ना.	10. gəṇēśācā pūjēsāṭʰī gəṇēśōtsəwəç āhē nā.

13– 5. मराठी साहित्य — **13– 5**. mərāṭʰī sāhittyə

1. मराठी साहित्याचा आरंभ केव्हा झाला ?	1. mərāṭʰī sāhittyāçā ārəmbʰ kēwʰā zʰālā ?

6. koko de wa vittara-shin to ganēsha-shin ni ninki ga arimasu.

6. ここではヴィッタラ神とガネーシャ神に人気があります。

7. wārukarī to yū no wa vittara-shin no shinja desu ne ?

7. ワールカリーというのはヴィッタラ神の信者ですね？

8. hai. pandarupūru no junrei o shite vittara-shin ni oinori suru hitobito o sō yobimasu.

8. はい。パンダルプールの巡礼をしてヴィッタラ神にお祈りする人々をそう呼びます。

9. ganēsha-shin no oinori wa dono yō ni suru no desu ka ?

9. ガネーシャ神のお祈りはどのようにするのですか？

10. ganēsha-shin ni wa ganēsha-matsuri ga aru desho.

10. ガネーシャ神にはガネーシャ祭りがあるでしょ。

13－5. marātī-bungaku

13－5. マラーティー文学

1. marātī-bungaku no hajimari wa itsu goro desu ka ?

1. マラーティー文学の始まりはいつ頃ですか？

2. बाराव्या शतकात महानुभाव साहित्याचा उदय झाला ती मराठी साहित्याची सुरुवात असं म्हणता येईल.	2. bārāvyā śətkāt məhānub^{h}āw sāhittyāçā udəy z^{h}ālā tī mərāṭ^{h}ī sāhittyācī suruwāt əsə̄ m^{h}əṇtā yēīl.
3. ज्ञानेश्वर हे कोण होते ?	3. dnyānēśwər hē kōṇ hōtē ?
4. ज्ञानेश्वर हे तेराव्या शतकातले फार मोठे संत कवी होते. त्यांनी वारकरी संप्रदायाला वैचारिक पार्श्वभूमी दिली आणि मराठी भक्तिसाहित्य सुरू केलं.	4. dnyānēśwər hē tērāvyā śətkātlē p^{h}ār mōṭ^{h}ē sənt kəvī hōtē. tyānnī wārkərī səmprədāyālā wəicārik pārśwəb^{h}ūmī dilī āṇi mərāṭ^{h}ī b^{h}əktisāhittyə surū kēlə̄.
5. त्यांच्याव्यतिरिक्त अजून कोण कोण संत कवी होते ?	5. tyāñcāvyətiriktə əzūn kōṇ kōṇ sənt kəvī hōtē ?
6. नामदेव, एकनाथ आणि तुकाराम हे फार मोठे संत कवी होते.	6. nāmdēw, ēknāt^h āṇi tukārām hē p^{h}ār mōṭ^{h}ē sənt kəvī hōtē.
7. आधुनिक साहित्याचा आरंभ केव्हा झाला ?	7. ād^{h}unik sāhittyāçā ārəmb^h kēw^{h}ā z^{h}ālā ?

2．jūni-seiki ni mahānubāo-bungaku ga okorimashita. sore o marātī-bunbaku no hajimari to itte ii deshō.	2．12世紀にマハーヌバーオ文学が興りました。それをマラーティー文学の始まりと言っていいでしょう。
3．dunyānēshuwaru to yū no wa dare desu ka ?	3．ドゥニャーネーシュワルというのは誰ですか？
4．dunyānēshuwaru to yū no wa jūsan-seiki no idaina shūkyō-shijin deshita. kare wa wārukarī-ha ni tetsugakuteki kiban o atae, marātī-go no bakuti-bungaku o sōshi shimashita.	4．ドゥニャーネーシュワルというのは13世紀の偉大な宗教詩人でした。彼はワールカリー派に哲学的基盤を与え，マラーティー語のバクティ文学を創始しました。
5．kare no hoka ni dō yū shūkyō-shijin ga imashita ka ?	5．彼の他にどういう宗教詩人がいましたか？
6．nāmudēo, ēkunāto, tukārāmu nado ga jūyō na shūkyō-shijin deshita.	6．ナームデーオ，エークナート，トゥカーラームなどが重要な宗教詩人でした。
7．kindai-bungaku wa itsu hajimarimashita ka ?	7．近代文学はいつ始まりましたか？

8. एकोणिसाव्या शतकाच्या मध्यकाळात. पण त्यापूर्वीही सामाजिक सुधारणावादी आणि राजकीय विचारवंत साहित्यक्षेत्रात अग्रेसर होते.

8. ekōṇisāvyā śətkācā mədd^{h}yəkāḷāt. pəṇ tyāpurvīhī sāmājik sud^{h}ārṇāwādī āṇi rājkīy vicārwənt sāhittyəkṣētrāt əgrēsər hōtē.

9. याचा अर्थ त्या काळात ललित साहित्यापेक्षा वैचारिक साहित्य जास्त लिहिलं जात होतं असं म्हणता येईल का ?

9. yāçā ərt^{h}ə tyā kāḷāt ləlit sāhittyāpēkṣā wəicārik sāhittyə jāst lihilə̄ zāt hōtə̄ əsə̄ m^{h}əṇtā yēil kā ?

10. होय. ललित सहित्य एकोणिसाव्या शतकाच्या शेवटी जेव्हा ह. ना. आपटे, केशवसुत इत्यादि उदयास आले तेव्हापासून खऱ्या अर्थाने विकसित होऊ लागलं.

10. hōy. ləlit sāhittyə ekōṇisāvyā śətkācā śēwṭī jēw^{h}ā hə nā āpṭē, kēśəwsut ittyādi udəyās ālē tēw^{h}āpāsūn k^{h}əryā ərt^{h}ānē viksit hōū lāglə̄.

14) मराठी लोकजीवन

14) mərāṭ^{h}ī lōkjīwən

14– 1. मराठी पोशाख

14– 1. mərāṭ^{h}ī pōśāk^{h}

1. महाराष्ट्राचा पारंपरिक पोशाख काय आहे ?

1. məhārāṣṭrāçā pārəmpərik pōśāk^{h} kāy āhē ?

8. jūkyū-seiki no nakagoro desu. shikashi, sore izen ni mo shakai-kaikakusha ya seiji-shisōka ga bundan de katsuyaku shite imashita.

8. 19世紀の中頃です。しかし，それ以前にも社会改革者や政治思想家が文壇で活躍していました。

9. suruto, tōji wa sōsaku-bungaku yori shibenteki na bungaku no hō ga ōku kakarete ita to ieru wake desu ka ?

9. すると，当時は創作文学より思弁的な文学の方が多く書かれていたと言える訳ですか？

10. sō desu. sōsaku-bungaku wa jūkyū-seiki no sue ni eichi-enu-āputē ya kēshavusuto ra ga tōjō shita ato honkakuteki ni hatten suru yō ni narimashita.

10. そうです。創作文学は19世紀の末にH.N.アープテーやケーシャヴストらが登場したあと本格的に発展するようになりました。

14) 人々の生活

14) hitobito no seikatsu

14－1. mahārāshutora no hukusō

14－1. マハーラーシュトラの服装

1. mahārāshutora no dentōteki na hukusō wa donna mono desu ka ?

1. マハーラーシュトラの伝統的な服装はどんなものですか？

2. साधारणपणे पुरुषांसाठी धोतर आणि स्त्रियांसाठी साडी.

2. sād^{h}ārəṇpəṇē puruṣāṅsāṭ^{h}ī d^{h}ōtər āṇi striyānsāṭ^{h}ī sāḍī.

3. याचा अर्थ भारताचा पारंपरिक पोशाख मराठी लोकांनी तसाच्यातसा स्वीकारला असा आहे का ?

3. yāçā art^{h}ə b^{h}ārtāçā pārəmpərik pōśāk^{h} mərāṭ^{h}ī lōkānnī təsācātəsā svīkārlā əsā āhē kā ?

4. होय, असं म्हणता येईल.

4. hōy, əsə̄ m^{h}əṇtā yēīl.

5. उत्तर भारतात मुसलमानांच्या पोशाखाचा प्रभाव पडला होता तसं इथे झालं नाही का ?

5. uttər b^{h}ārtāt musəlmānāñcā pōśāk^{h}āçā prəb^{h}āw pəḍlā hōtā təsə̄ it^{h}ē z^{h}ālə̄ nāhī kā ?

6. झालं ना ! मध्ययुगात महाराष्ट्रावर मुसलमानांचं राज्य होतं त्यामुळे इथेही प्रभाव पडला.

6. z^{h}ālə̄ nā ! mədd^{h}yəyugāt məhārāṣṭrāwər musəlmānāñçə̄ rājjə hōtə̄ tyāmuḷē it^{h}ēhī prəb^{h}āw pəḍlā.

7. मी बोलपटात पेशव्यांच्या काळचा पोशाख पाहिला. पुरुषांच्या डोक्यांवर तऱ्हेतऱ्हेच्या टोप्या होत्या.

7. mī bōlpəṭāt pēśvyāñcā kāḷçā pōśāk^{h} pāhilā. puruṣāñcā ḍōkyāṅwər tər^{h}ētər^{h}ēcā ṭōpyā hōtyā.

2．ippanteki ni dansei wa dōtī, josei wa sarī desu ne.	2．一般的に男性はドーティー，女性はサリーですね。
3．to yū koto wa, indo no dentōteki na hukusō o sono mama uketsuide iru wake desu ne ?	3．ということは，インドの伝統的な服装をそのまま受け継いでいる訳ですね？
4．sō yū koto ni narimasu.	4．そういうことになります。
5．kita-indo no yōni isuramu-kyōto no hukusō no eikyō wa nakatta no desu ka ?	5．北インドのようにイスラム教徒の服装の影響はなかったのですか？
6．arimashita yo. chūsei no koro ni wa isuramu-kyōto no shihai o ukete imashita kara, eikyō wa arimasu.	6．ありましたよ。中世の頃にはイスラム教徒の支配を受けていましたから，影響はあります。
7．eiga de pēshuwā-jidai no hukusō o mita koto ga arimasu ga, otoko wa ironna katachi no bōshi o kabutte imashita.	7．映画でペーシュワー時代の服装を見たことがありますが，男はいろんな形の帽子をかぶっていました。

8. त्या टोप्यांना पगडी म्हणतात. दिसायला चांगल्या होत्या. आता कोणी घालत नाही.

8. tyā ṭōpyānnā pəgḍī m^{h}əṇtāt. disāylā çāṅglyā hōtyā. ātā kōṇī g^{h}ālət nāhī.

9. आता शहरातले लोक पाश्चिमात्य पोशाखच घालतात असं दिसतं.

9. ātā śəhərātlē lōk pāścimāttyə pōśāk^{h}əç g^{h}āltāt əsə̄ distə̄.

10. पुरुषांचं तर तसंच झालंय, पण स्त्रिया अजूनही आवडीने साडी नेसतात. तरुण मुली पंजाबी कपडे घालतात.

10. puruṣāñçə̄ tər təsə̄ç z^{h}āləy, pəṇ striyā əzūnhī āwḍīnē sāḍī nēstāt. təruṇ mulī pəñjābī kəpḍē g^{h}āltāt.

14－2. स्वयंपाक आणि जेवण

14－2. swəyəmpāk āṇi jēwəṇ

1. वा ! फारच चवदार दिसतंय. हे सगळं आपणच तयार केलंय का ?

1. wā ! p^{h}ārəç çəwdār distəy. hē səgḷə̄ āpəṇəç təyār kēləy kā ?

2. हो. माझा स्वयंपाक आपल्याला आवडेल अशी आशा करतो / करते.

2. hō. māz^{h}ā swəypāk āplyālā āwḍēl əśī āśā kərtō / kərtē.

3. मला भारतीय जेवण फार आवडतं. मला सगळं चालेल.

3. məlā b^{h}ārtīy jēwəṇ p^{h}ār āwəḍtə̄. məlā səgḷə̄ çālēl.

8. are wa pagurī to itte, kakkō ga yokattan desu ga, ima wa mō dare mo kaburimasen.	8. あれはパグリーといって，格好が良かったんですが，今はもう誰も被りません。
9. genzai de wa tokai de wa seiyōhū no hukusō o shite imasu ne.	9. 現在では都会では西洋風の服装をしていますね。
10. dansei wa sō desu ga, josei wa ima mo sarī o konomimasu. wakai josei wa panjābī-hū no huku o kite imasu.	10. 男性はそうですが，女性は今もサリーを好みます。若い女性はパンジャービー風の服を着ています。

14－2． ryōri to shokuji	**14－2．** 料理と食事
1. waa, oishisō desu ne. subete otesei desu ka ?	1. わあ，美味しそうですね。すべてお手製ですか？
2. hai. okuchi ni aeba ureshii no desu ga.	2. はい。お口に合えば嬉しいのですが。
3. watashi wa indo-ryōri wa daisuki nan desu. nan demo itadakimasu.	3. 私はインド料理は大好きなんです。何でもいただきます。

4. आज मी शक्यतो महाराष्ट्रीय पदार्थ बनवण्याचा प्रयत्न केला आहे.

4. āz mī śəkkyətō məhārāṣṭrīy pədārtʰə bənəwṇyāçā prəyətnə kēlā āhē.

5. असं ? हा गोड पावासारखा पदार्थ महाराष्ट्रीय आहे का ?

5. əsə̄ ? hā gōḍ pāwāsārkʰā pədārtʰə məhārāṣṭrīy āhē kā ?

6. हो, याला पुरणपोळी म्हणतात. याच्या आत पुरण भरलेलं आहे. सणाच्या दिवशी आम्ही आवर्जून पुरणपोळी बनवतो.

6. hō, yālā purəṇpōḷī mʰəṇtāt. yācā āt purəṇ bʰərlēlə̄ āhē. səṇācā diwśī āmʰī āwərzūn purəṇpōḷī bənəwtō.

7. ही भाजी कसली आहे ?

7. hī bʰājī kəslī āhē ?

8. हिला पातळभाजी म्हणतात. आज मी अळूच्या पानांची केली. पालकाचीदेखील बनवतात.

8. hilā pātəḷbʰājī mʰəṇtāt. āz mī əḷūcā pānāñcī kēlī. pālkācīdēkʰīl bənəwtāt.

9. हे पिवळ्या रंगाचं काय आहे ? फार गोड आहे.

9. hē piwḷyā rəṅgāçə̄ kāy āhē ? pʰār gōḍ āhē.

10. याला श्रीखंड म्हणतात. दह्यापासून बनवतात. त्यात केशर टाकतात त्यामुळे रंग पिवळा होतो.

10. yālā śrīkʰəṇḍ mʰəṇtāt. dəhyāpāsūn bənəwtāt. tyāt kēśər ṭāktāt tyāmuḷē rəṅg piwḷā hōtō.

4．kyō wa narubeku mahārāshutora-hū no mono o tsukutte mimashita.

4．今日はなるべくマハーラーシュトラ風のものを作ってみました。

5．hēe, kono amai pan no yōna no ga sō desu ka？

5．へーえ，この甘いパンのようなのがそうですか？

6．hai, sore wa puranpōrī to itte, naka ni anko ga haitte imasu. omatsuri no toki ni kanarazu tsukuru mono desu.

6．はい，それはプランポーリーと言って，中に餡子が入っています。お祭りの時に必ず作るものです。

7．kono yasai-ryōri wa donna mono desu ka？

7．この野菜料理はどんなものですか？

8．sore wa pātarubājī to iimasu. kyō wa satoimo no happa o tsukatte mimashita. hōrensō de mo dekimasu.

8．それはパータルバージーと言います。今日は里芋の葉っぱを使ってみました。ほうれんそうでもできます。

9．kono kiiroi mono wa nan desu ka？ totemo amai desu ne.

9．この黄色いものは何ですか？とても甘いですね。

10. sore wa shurīkando to itte, yōguruto de dekite imasu. sahuran o ireru no de kiiro ni narimasu.

10. それはシュリーカンドと言って，ヨーグルトでできています。サフランを入れるので黄色になります。

14－3. सुट्टीचा दिवस

1. सुट्टीचा दिवस आपण नेहमी कसा घालवता ?

2. काही वेळा मित्रांना भेटतो, कधी नातेवाईकांच्या घरी जातो. पण बऱ्याच वेळा घरीच बसून असतो.

3. पूर्वी फिरायला बाहेर जात होता का ?

4. हो, मुलं लहान होती तेव्हा घरातले सगळे जण कुठे ना कुठे फिरायला जात असू.

5. घरी असता तेव्हा काय करता ?

6. विशेष काही नाही. पुस्तक वाचतो किंवा टीव्ही बघतो.

14－3. suṭṭīçā diwəs

1. suṭṭīçā diwəs āpəṇ nēhemī kəsā gʰāləwtā ?

2. kāhī wēḷā mittrānnā bʰēṭṭō, kədʰī nātēwāikāñcā gʰərī zātō. pəṇ bəryāç wēḷā gʰərīç bəsūn əstō.

3. pūrvī pʰirāylā bāhēr zāt hōtā kā ?

4. hō, mulə ləhān hōtī tēwʰā gʰərātlē səgḷē zəṇ kuṭʰē nā kuṭʰē pʰirāylā zāt əsū.

5. gʰərī əstā tēwʰā kāy kərtā ?

6. viśēṣ kāhī nāhī. pustək wāçtō kiw̃wā ṭīvʰī bəgʰtō.

14－3．kyūjitsu

1．kyūjitsu wa hudan dono yō ni sugosaremasu ka ?

2．tomodachi to attari, shinseki no ie ni iku koto mo arimasu ga, daitai wa ie ni imasu ne.

3．izen wa yoku gaishutsu sareta no desu ka ?

4．hai, kodomo ga chiisai koro wa kazoku minna de dokoka e dekaketa mono deshita.

5．ie ni orareru toki wa nani o nasaimasu ka ?

6．toku ni kore to itte arimasen. hon o yondari terebi o mitari deshō ka.

14－3．休日

1．休日は普段どのように過ごされますか？

2．友達と会ったり，親戚の家に行くこともありますが，だいたいは家にいますね。

3．以前はよく外出されたのですか？

4．はい，子供が小さい頃は家族みんなでどこかへ出かけたものでした。

5．家におられる時は何をなさいますか？

6．特にこれといってありません。本を読んだりテレビを見たりでしょうか。

7. मुलांचे खेळपण आता बदलले असतील ना ?

7. mulāñçē k^{h}ēḷpəṇ ātā bədəllē əstīl nā ?

8. हो, अलीकडे संगणकाचा खेळ खूप वाढत चालला आहे. माझी मुलंही बाहेर जातच नाहीत.

8. hō, əlīkəḍē səṅgəṇkāçā k^{h}ēḷ k^{h}ūp wāḍ^{h}ət çāllā āhē. māj^{h}ī mulə̄hī bāhēr zātəç nāhīt.

9. पण मी काही वेळापूर्वी पाहिलं की आपली मुलं शहाण्यासारखी खोलीची साफसफाई करीत होती.

9. pəṇ mī kāhī wēḷāpūrvī pāhilə̄ kī āplī mulə̄ śəhāṇyāsārk^{h}ī k^{h}ōlīcī sāp^{h}səp^{h}āī kərīt hōtī.

10. दुपारनंतर माझ्या भावाची मुलं येणार आहेत, म्हणून त्यांच्या आईने त्यांना सफाई करायला सांगितलं असेल.

10. dupārnəntər māj^{h}ā b^{h}āwācī mulə̄ yēṇār āhēt, m^{h}əṇūn tyāñcā āīnē tyānnā səp^{h}āī kərāylā sāṅgitlə̄ əsēl.

14—4. सकाळचे फिरणे

14—4. səkāḷçē p^{h}irṇē

1. मी रोज सकाळी फिरायला जातो. तुम्ही बरोबर येता का ?

1. mī rōz səkāḷī p^{h}irāylā zātō. tum^{h}ī bərōbər yētā kā ?

2. हो, येईन की ! कुठे जाऊ या ?

2. hō, yēīn kī ! kuṭ^{h}ē zāū yā ?

7. saikin wa kodomo no asobi mo kawattan deshō ne?

7．最近は子供達の遊びも変ったんでしょうね？

8. ee, saikin wa terebi-gēmu ga hayatte kite, uchi no ko mo nakanaka soto ni denain desu.

8．ええ，最近はテレビゲームが流行ってきて，うちの子もなかなか外に出ないんです。

9. demo saki hodo wa orikō ni heya no katazuke nado shite ita yō desu yo.

9．でも先程はお利口に部屋の片付けなどしていたようですよ。

10. gogo ni itoko tachi ga kuru mono dakara, hahaoya ni iwaretan deshō.

10．午後にいとこ達が来るものだから，母親に言われたんでしょう。

14－4. asa no sanpo

14－4．朝の散歩

1. watashi wa maiasa sanpo surun desu ga, anata mo goissho ni ikaga desu ka?

1．私は毎朝散歩するんですが，あなたもご一緒にいかがですか？

2. aa, ii desu ne. doko e ikun desu ka?

2．ああ，いいですね。どこへ行くんですか？

3. इथे समुद्र जवळच आहे. आपण समुद्रकिनाऱ्यावर जाऊ या.

3. it^{h}ē səmuddrə zəwəḷəç āhē. āpəṇ səmuddrəkināryāwər zāū yā.

4. पुष्कळ लोक आलेले आहेत. मला कल्पनासुद्धा नव्हती इथे एवढे लोक आले असतील म्हणून.

4. puṣkəḷ lōk ālēlē āhēt. məlā kəlpənāsudd^{h}ā nəw^{h}tī it^{h}ē ēwḍ^{h}ē lōk ālē əstīl m^{h}əṇūn.

5. ही जागा फिरायला फारच छान आहे यामुळे इथे पुष्कळ लोक येतात.

5. hī zāgā p^{h}irāylā p^{h}ārəç c^{h}ān āhē yāmuḷē it^{h}ē puṣkəḷ lōk yētāt.

6. दररोज एवढे लोक येतात का ?

6. dərrōz ēwḍ^{h}ē lōk yētāt kā ?

7. हो ना. सुट्टीच्या दिवशी तर यापेक्षा जास्त लोक येतात.

7. hō nā. suṭṭīcā diwśī tər yāpēkṣā jāst lōk yētāt.

8. सुट्टीचा दिवस नसूनही तुम्ही इतक्या आरामात फिरायला येऊ शकता याचा मला हेवा वाटतो.

8. suṭṭīçā diwəs nəsūnhī tum^{h}ī itkyā ārāmāt p^{h}irāylā yēū śəktā yāçā məlā hēwā wāṭṭō.

9. असं ? ही आमच्याकडे अगदी नेहमीची गोष्ट आहे.

9. əsə̃ ? hī āmcākəḍē əgdī nēhemīcī gōṣṭ āhē.

3．umi ga sugu soba ni arimasu kara, kaigan e ikimashō.	3．海がすぐそばにありますから，海岸へ行きましょう。
4．takusan hito ga imasu ne. konna ni ōi to wa yume ni mo omoimasen deshita.	4．たくさん人がいますね。こんなに多いとは夢にも思いませんでした。
5．koko wa sanpo ni saiteki da kara, takusan hito ga kurun desu.	5．ここは散歩に最適だから，たくさん人が来るんです。
6．mainichi konna ni ōin desu ka？	6．毎日こんなに多いんですか？
7．hai, kyūjitsu nanka motto ōi desu yo.	7．はい，休日なんかもっと多いですよ。
8．kyūjitsu de mo nai noni konna ni yukkuri sanpo shite irareru nante, urayamshii desu ne.	8．休日でもないのにこんなにゆっくり散歩していられるなんて，羨ましいですね。
9．sō desu ka？ watashitachi ni wa goku hutsū no koto nan desu ga ne.	9．そうですか？　私達にはごく普通のことなんですがね。

10. पण फिरायला आलेले लोक फार वेगाने चालतात. याला चालण्याऐवजी व्यायाम म्हणायला पाहिजे.

10. pəṇ p^{h}irāylā ālēlē lōk p^{h}ār wēgānē çāltāt. yālā çālṇyāəiwjī vyāyām m^{h}əṇāylā pāhijē.

14– 5. पूजा

14– 5. pūjā

1. हिंदूंच्या घरी रोज देवाची पूजा करतात का ?

1. hindūñcā g^{h}ərī rōz dēwācī pūjā kərtāt kā ?

2. होय, साधारणपणे रोज पूजा करतात.

2. hōy, sād^{h}ārəṇpəṇē rōz pūjā kərtāt.

3. सकाळची पूजा फक्त घरच्या बायकाच करतात का ?

3. səkāḷcī pūjā p^{h}əktə g^{h}ərcā bāykāç kərtāt kā ?

4. असं नाही. पुरुषपण पूजा करतात. पण शहरात मात्र अलीकडे साधेपणाने पूजा केली जाते.

4. əsə̄ nāhī. puruṣpəṇ pūjā kərtāt. pəṇ śəhərāt mātrə əlīkəḍē sād^{h}ēpəṇānē pūjā kēlī zātē.

5. माझ्या एका मित्राने सांगितलं की त्याचे वडील कार्यालयातून परत आल्यानंतर मन लावून पूजा करतात.

5. maj^{h}ā ēkā mittrānē sāṅgitlə̄ kī tyāçē wəḍīl kāryāləyātūn pərət ālyānəntər mən lāwūn pūjā kərtāt.

10. sore ni shite mo, minna hayaashi desu ne. sanpo to yū yori, undō desu ne, kore wa.

10. それにしても，みんな早足ですね。散歩というより，運動ですね，これは。

14－5．oinori

14－5．お祈り

1．hindū no katei de wa mainichi kamisama ni oinori surun desu ka？

1．ヒンドゥーの家庭では毎日神様にお祈りするんですか？

2．sō desu ne, hutsū mainichi oinori shimasu.

2．そうですね，普通毎日お祈りします。

3．asa no oinori wa josei dake ga okonau no desu ka？

3．朝のお祈りは女性だけが行うのですか？

4．iie, otoko mo shimasu yo. mottomo toshibu de wa saikin wa kantan ni sumasete imasu.

4．いいえ，男もしますよ。尤も都市部では最近は簡単に済ませています。

5．watashi no aru yūjin no hanashi de wa, sono hito no otōsan wa tsutome kara kaette kite kara nen'iri ni oinori suru sō desu.

5．私のある友人の話では，その人のお父さんは勤めから帰ってきてから念入りにお祈りするそうです。

6. असे पुष्कळ लोक आहेत.

6. əsē puṣkəḷ lōk āhēt.

7. मी ऐकलं आहे की विधिवत् पूजा करताना काही लोक वेगळे कपडे घालतात. हे खरं आहे का ?

7. mī əiklə̄ āhē kī vid^hiwət pūjā kərtānā kāhī lōk wēgḷē kəpḍē g^hāltāt. hē k^hərə̄ āhē kā ?

8. हो. त्या कपड्यांना सोवळं म्हणतात. ते बहुतेक रेशमी असतं आणि धार्मिक विधीसाठी वापरलं जातं.

8. hō. tyā kəpḍyānnā sōwḷə̄ m^həṇtāt. tē bəhutēk rēśmī əstə̄ āṇi d^hārmik vid^hīsāṭ^hī wāpərlə̄ zātə̄.

9. पुरुषपण ते वापरतात का ?

9. puruṣpəṇ tē wāpərtāt kā ?

10. हो. पण पुष्कळदा पुरुषांचं वरचं अंग उघडंच असतं.

10. hō. pəṇ puṣkəḷdā puruṣāñçə̄ wərçə̄ əṅg ug^hḍə̄ç əstə̄.

15) सामाजिक भेटीगाठी

15) sāmājik b^hēṭīgāṭ^hī

15－1. भेट देणे

15－1. b^hēṭ dēṇē

1. नमस्कार.

1. nəməskār.

6. sō yū hito wa takusan imasu yo.

6. そういう人はたくさんいますよ。

7. seishiki ni oinori suru toki ni wa hukusō o aratameru to kikimashita ga, sō desu ka ?

7. 正式にお祈りするときには服装を改めると聞きましたが，そうですか？

8. hai, sōorā to yū no desu ga, taitei wa kinu de, shūkyōteki na gishiki no toki ni tsukaimasu.

8. はい，ソーオラーと言うのですが，大抵は絹で，宗教的な儀式の時に使います。

9. dansei mo sore o kirun desu ka ?

9. 男性もそれを着るんですか？

10. hai. nao dansei no baai, jōhanshin hadaka to yū koto mo yoku arimasu.

10. はい。なお男性の場合，上半身裸ということもよくあります。

15）交　際

15）kōsai

15－1. hōmon

15－1. 訪問

1. konnichiwa.

1. こんにちは。

2. नमस्कार. या. घर लगेच सापडलं का ?	2. nəməskār. yā. g^{h}ər ləgēç sāpəḍlə kā ?
3. हो. बसथांब्याजवळ चौकशी केली. तिथले एक सज्जन गृहस्थ काही अंतरापर्यंत माझ्याबरोबर आले.	3. hō. bəst^{h}āmbyāzəwəḷ çaukəśī kēlī. tit^{h}lē ēk səjjən gruhəst^{h}ə kāhī əntərāpəryənt māj^{h}ābərōbər ālē.
4. फार चांगलं झालं. इकडे या. ओळख करून देतो. ही माझी बायको हेमा.	4. p^{h}ār çāṅglə z^{h}ālə. ikḍē yā. ōḷək^h kərūn dētō. hī māj^{h}ī bāykō hēmā.
5. नमस्कार, मी सुगियामा. आपल्याला भेटून फार आनंद झाला.	5. nəməskār, mī sugiyāmā. āplyālā b^{h}ēṭūn p^{h}ār ānənd z^{h}ālā.
6. हा माझा मुलगा निनाद, आणि ही मुलगी उज्ज्वला.	6. hā māz^{h}ā mulgā ninād, āṇi hī mulgī ujjwəlā.
7. आपली मुलं फार गोड आहेत.	7. āplī mulə p^{h}ār gōḍ āhēt.
8. सुगियामाजी, काय घ्याल, चहा का कॉफी ?	8. sugiyāmāji, kāy g^{h}yāl, cəhā kā kɔ̄fi ?

2. yaa, irasshai. ie wa sugu ni wakarimashita ka?	2. やあ，いらっしゃい。家はすぐに分かりましたか？
3. hai. basu-tei no chikaku de kiitara, shinsetsu na hito ga tochū made annai shite kuretan desu.	3. はい。バス停の近くで訊いたら，親切な人が途中まで案内してくれたんです。
4. sore wa yokatta. saa, kochira e. shōkai shimasu. tsuma no hēmā desu.	4. それは良かった。さあ，こちらへ。紹介します。妻のヘーマーです。
5. hajimemashite, sugiyama desu. dōzo yoroshiku.	5. はじめまして，杉山です。どうぞよろしく。
6. kore wa musuko no ninādo desu. kocchi wa musume no ujjuwarā desu.	6. これは息子のニナードです。こっちは娘のウッジュワラーです。
7. totemo kawaii okosan desu ne.	7. とても可愛いお子さんですね。
8. sugiyama-san, kōcha ka kōhī, dochira ni nasaimasu ka?	8. 杉山さん，紅茶かコーヒー，どちらになさいますか？

9. मला कॉफी आवडेल.	9. məlā kɔ̄fī āwḍēl.
10. आज इथे आरामात वेळ घालवा.	10. āz it^{h}ē ārāmāt wēḷ g^{h}ālwā.
15－2. प्राध्यापकांचे शिफारसपत्र	**15－2.** prādd^{h}yāpəkāñçē śip^{h}ārəspəttrə
1. नमस्कार. हे प्राध्यापक केळकरांचं घर आहे का ?	1. nəməskār. hē prādd^{h}yāpək kēḷkərāñçə̄ g^{h}ər āhē kā ?
2. हो, आपण कोण ?	2. hō, āpəṇ kōṇ ?
3. माझं नाव हिराई. मी जपानी आहे. मुंबई विश्वविद्यालयाच्या प्राध्यापक कोल्हटकर यांनी आपला संदर्भ दिला.	3. māz^{h}ə̄ nāw hirāī. mī jəpānī āhē. mumbəī viśwəviddyāləyācā prādd^{h}yāpək kōl^{h}əṭkər yānnī āplā səndərb^{h}ə dilā.
4. ओहो, आपणच का ते ? काही दिवसांपूर्वी मला कोल्हटकरांचं पत्र आलं होतं. या, आत या.	4. ōhō, āpəṇəç kā te ? kāhī diwsāmpūrvī məlā kōl^{h}əṭkərāñçə̄ pəttrə ālə̄ hōtə̄. yā, āt yā.

9. kōhī o itadakimasu.

9. コーヒーをいただきます。

10. kyō wa yukkuri shite itte kudasai.

10. 今日はゆっくりしていってください。

15－2. sensei no shōkai

15－2. 先生の紹介

1. gomen kudasai. kochira wa kērukaru-kyōju no otaku deshō ka ?

1. ご免ください。こちらはケールカル教授のお宅でしょうか？

2. hai, sō desu ga, dochirasama deshō ka ?

2. はい，そうですが，どちら様でしょうか？

3. watashi wa hirai to yū nihon-jin desu. munbai-daigaku no kōratokaru-kyōju ni shōkai shite itadaki mashita.

3. 私は平井という日本人です。ムンバイ大学のコーラトカル教授に紹介していただきました。

4. aa, anata desu ka. senjitsu kōratokaru-san kara otegami o itadakimashita. dōzo ohairi kudasai.

4. ああ，あなたですか。先日コーラトカルさんからお手紙をいただきました。どうぞ，お入りください。

5. थँक यू, सर.	5. tʰæṅk yū, sər.
6. कोल्हटकर सर मजेत आहेत ना ?	6. kōlʰəṭkər sər məjēt āhēt nā ?
7. हो, मजेत आहेत. सरांनी आपल्याला नमस्कार सांगितला आहे.	7. hō, məjēt āhēt. sərānnī āplyālā nəməskār sāṅgitlā āhē.
8. त्यांच्या पत्रात असं होतं की आपण मध्ययुगीन भारताच्या इतिहासाचा अभ्यास करीत आहात.	8. tyāñcā pəttrāt əsə̄ hōtə̄ kī āpəṇ məddʰyəyugīn bʰārtācā itihāsāçā əbbʰyās kərīt āhāt.
9. हो. महाराष्ट्रात मुसलमानांचं राज्य होतं त्या काळाचा अभ्यास करतो.	9. hō, məhārāṣṭrāt musəlmānāñçə̄ rājjə hōtə̄ tyā kāḷāçā əbbʰyās kərtō.
10. असं, फार छान विषय आहे.	10. əsə̄, pʰār cʰān viṣəy āhē.

15－3. मित्राच्या घरी पार्टी	**15－3**. mittrācā gʰərī pārṭī
1. शैलेंद्र, वाढदिवसानिमित्त अभिनंदन !	1. śəilēndrə, wāḍʰdiwsānimittə əbʰinəndən !

5. dōmo arigatō gozaimasu.

5. どうもありがとうございます。

6. kōratokaru-sensei wa ogenki desu ka ?

6. コーラトカル先生はお元気ですか？

7. hai, ogenki desu. kuregure mo yoroshiku to osshatte imashita.

7. はい，お元気です。くれぐれもよろしくとおっしゃっていました。

8. sensei no otegami de wa, indo no chūseishi o kenkyū nasatteru sō desu ga.

8. 先生のお手紙ではインドの中世史を研究なさってるそうですが。

9. hai, musurimu sho-ōchō-jidai no mahārāshutora ni tsuite kenkyū shite imasu.

9. はい，ムスリム諸王朝時代のマハーラーシュトラについて研究しています。

10. sō desu ka. totemo omoshiroi tēma desu ne.

10. そうですか。とても面白いテーマですね。

15－3. yūjin-taku no pātī

15－3. 友人宅のパーティー

1. shairēndora-san, otanjōbi omedetō.

1. シャイレーンドラさん，お誕生日おめでとう。

2. ओहो, नेमोतोजी, तुम्ही आला यामुळे मला फार आनंद झाला.

2. ōhō, nēmōtōjī, tumʰī ālā yāmuḷē məlā pʰār ānənd zʰālā.

3. ही मी तुमच्यासाठी छोटीशी भेट आणली आहे. तुम्हाला आवडते का बघा.

3. hī mī tumcāsāṭʰī cʰōṭīśī bʰēṭ āṇlī āhē. tumʰālā āwəḍtē kā bəgʰā.

4. अरे अरे, तुम्ही उगाच त्रास घेतलात. पण तुम्ही आणलीच आहे म्हणून मी निस्संकोच स्वीकार करतो. थँक यू.

4. ərē ərē, tumʰī ugāç trās gʰētlāt. pəṇ tumʰī āṇlīç āhē mʰəṇūn mī nissəṅkōc svīkār kərtō. tʰæṅk yū.

5. खूप लोक आलेले दिसतात. बऱ्याच लोकांना मी ओळखत नाही.

5. kʰūp lōk ālēlē distāt. bəryāç lōkānnā mī ōḷkʰət nāhī.

6. अरे, हं, मी विचार करीत होतो की तुमची एका व्यक्तीशी ओळख करून द्यावी.

6. ərē, hə̃, mī vicār kərīt hōtō kī tumcī ēkā vyəktīśī ōḷəkʰ kərūn dyāvī.

7. असं ? कोण आहे ?

7. əsə̃ ? kōṇ āhē ?

8. ट्रेडिंग कंपनीतली व्यक्ती आहे. त्यांना कंपनीच्या वतीने काही वर्षांसाठी जपानला पाठवणार आहेत.

8. ṭrēḍiṅg kəmpənītlī vyəktī āhē. tyānnā kəmpənīcā wətīnē kāhī wərṣāṅsāṭʰī jəpānlā pāṭʰəwṇār āhēt.

2. aa, nemoto-san. yoku kite kuremashita ne ?

2．ああ，根本さん。よく来てくれましたね。

3. kore wa tsumaranai mono da kedo, ki ni itte itadakeru ka na ?

3．これはつまらない物だけど，気に入っていただけるかな？

4. oyaoya, mōshiwake nai ne. demo sekkaku da kara, enryo naku chōdai shiyō. arigatō.

4．おやおや，申し訳ないね。でも折角だから，遠慮なく頂戴しよう。ありがとう。

5. zuibun nigiyaka da ne. boku no shiranai hito ga takusan iru yo.

5．ずいぶん賑やかだね。僕の知らない人がたくさんいるよ。

6. a, sō da. kimi ni aru hito o shōkai shiyō to omottetan da.

6．あ，そうだ。君にある人を紹介しようと思ってたんだ。

7. hēe, donna hito ?

7．へーえ，どんな人？

8. bōeki-gaisha no hito de ne. kaisha kara nihon e nannen ka haken sareru rashii.

8．貿易会社の人でね。会社から日本へ何年か派遣されるらしい。

9 . त्यांची कंपनी कोणत्या वस्तूचा व्यापार करते ?

9 . tyāñcī kəmpənī kōṇtyā wəstūçā vyāpār kərtē ?

10. या बाबतीत तेच सांगू शकतील.

10. yā bābtīt tēç sāṅgū śəktīl.

15– 4 . लग्नाची पार्टी

15– 4 . ləgnācī pārṭī

1 . ही फार मोठी लग्नाची पार्टी आहे.

1 . hī p^{h}ār mōṭ^{h}ī ləgnācī pārṭī āhē.

2 . एवढी भव्य पार्टी फारशी पाहायला मिळत नाही.

2 . ēwḍ^{h}ī b^{h}əvvyə pārṭī p^{h}ārśī pāhāylā miḷət nāhī.

3 . अशा प्रकारे हॉटेलात लग्नाची पार्टी करणं अलीकडे वाढलंय का ?

3 . əśā prəkārē hōṭēlāt ləgnācī pārṭī kərṇə əlīkəḍē wāḍ^{h}ləy kā ?

4 . हो, खूपच वाढलंय.

4 . hō, k^{h}ūpəç wāḍ^{h}ləy.

5 . जेवण फारच चवदार आहे.

5 . jēwəṇ p^{h}ārəç çəwdār āhē.

6 . शिवाय वधूही फारच सुंदर आहे.

6 . śiwāy wəd^{h}ūhī p^{h}ārəç sundər āhē.

9. dō yū shōhin o atsukau kaisha nano ?

9. どういう商品を扱う会社なの？

10. sore wa chokusetsu honnin kara kiite kure tamae.

10. それは直接本人から聞いてくれたまえ。

15－4. kekkon-hirōen

15－4. 結婚披露宴

1. kore wa seidai na hirōen da ne.

1. これは盛大な披露宴だね。

2. kore dake seidai na no wa nakanaka nai yo.

2. これだけ盛大なのはなかなかないよ。

3. konna hū ni hoteru de hirōen o suru koto ga saikin hueta no ka na ?

3. こんなふうにホテルで披露宴をすることが最近増えたのかな？

4. un, sugoku hueta yo.

4. うん，すごく増えたよ。

5. ryōri ga tottemo oishii ne.

5. 料理がとっても美味しいね。

6. soreni hanayome-san mo bijin to kiteru.

6. それに花嫁さんも美人ときてる。

7. आपणही तिचं अभिनंदन केलं पाहिजे, नाही का ?

7. āpəṇhī tiçə əb^hinəndən kēlə pāhijē, nāhī kā ?

8. होय. रिसेप्शन सुरू होणार असं दिसतंय. आपणही रांगेत उभे राहू या.

8. hōy. risēpśən surū hōṇār əsə distəy. āpəṇhī rāṅgēt ub^hē rāhū yā.

9. तुमच्याजवळ कॅमेरा आहे ना ?

9. tumcāzəwəḷ kæmerā āhē nā ?

10. हो, आजची आठवण राहावी म्हणून आपण वधूबरोबर फोटो काढू या.

10. hō, āzcī āṭ^hwəṇ rāhāvī m^həṇūn āpəṇ wəd^hūbərōbər fōṭō kāḍ^hū yā.

15－5. निरोप देणे

15－5. nirōp dēṇē

1. विमानात चढण्यापूर्वीचे सगळे सोपस्कार झाले का ?

1. vimānāt çəḍ^hṇyāpūrvīçē səgḷē sōpəskār z^hālē kā ?

2. हो, सगळे झाले.

2. hō, səgḷē z^hālē.

3. या वेळी तुम्ही किती दिवस होतात.

3. yā wēḷī tum^hī kitī diwəs hōtāt ?

7. wareware mo hanayome-san ni goaisatsu shite okanai to ikenai ne.

7．我々も花嫁さんにご挨拶しておかないといけないね。

8. sōsō. oiwai no uketsuke ga hajimaru yō dakara, wareware mo narabō.

8．そうそう。お祝いの受付が始まるようだから，我々も並ぼう。

9. kamera motteru desho？

9．カメラ持ってるでしょ？

10. un. kyō no kinen ni hanayome-san to issho ni shashin o torō.

10．うん。今日の記念に花嫁さんと一緒に写真を撮ろう。

15－5. omiokuri

15－5．お見送り

1. tōjō no tetsuzuki wa sumimashita ka？

1．搭乗の手続きは済みましたか？

2. hai, zenbu sumimashita.

2．はい，全部済みました。

3. konkai wa nannichi taizai saremashita ka？

3．今回は何日滞在されましたか？

4. अठरा दिवस. दिवस फार लवकर निघून गेले.	4. əṭ^{h}rā diwəs. diwəs p^{h}ār ləwkər nig^{h}ūn gēlē.
5. खरंच. तुम्ही गेल्यानंतर आम्हाला सुनं सुनं वाटेल.	5. k^{h}ərə̄ç. tum^{h}ī gēlyānəntər ām^{h}ālā sunə̄ sunə̄ wāṭēl.
6. मलाही वाटतंय की आपल्याबरोबर आणखी काही दिवस राहावं.	6. məlāhī wāṭṭə̄y kī āplyābərōbər āṇk^{h}ī kāhī diwəs rāhāwə̄.
7. जपानहून पत्र जरूर लिहा.	7. jəpānhūn pəttrə zərūr lihā.
8. हो, जरूर लिहीन.	8. hō, zərūr lihīn.
9. घरातल्या मंडळींना आणि मित्रांना आमचा नमस्कार सांगा.	9. g^{h}ərātlyā məṇḍəḷīnnā āṇi mittrānnā āmçā nəməskār sāṅgā.
10. हो. आपण सगळे जण स्वतःला जपून राहा. माझ्यावर आपले फार उपकार झाले. धन्यवाद. बरं तर पुन्हा भेटू या. अच्छा.	10. hō. āpəṇ səgḷē zəṇ swətəhəlā zəpūn rāhā. māj^{h}āwər āplē p^{h}ār upəkār z^{h}ālē. d^{h}ənnyəwād. bərə̄ tər pun^{h}ā b^{h}ēṭū yā. əcc^{h}ā.

4. jūhachi-nichi kan desu. atto yū ma ni sugimashita.	4. 18日間です。あっという間に過ぎました。
5. hontō ni ne. anata ga kaeraretara, watashitachi wa sabishiku narimasu.	5. 本当にね。あなたが帰られたら，私達は寂しくなります。
6. watashi mo minasan to motto nagaku issho ni itai desu.	6. 私も皆さんともっと長く一緒にいたいです。
7. nihon kara kitto tegami o kudasai yo.	7. 日本からきっと手紙をくださいよ。
8. hai, kanarazu kakimasu.	8. はい，必ず書きます。
9. gokazoku ya otomodachi no minasan ni yoroshiku otsutae kudasai.	9. ご家族やお友達の皆さんによろしくお伝えください。
10. hai, minasan mo ogenki de. totemo osewa ni narimashita. dewa, mata oai shimashō. sayōnara.	10. はい，皆さんもお元気で。とてもお世話になりました。では，またお会いしましょう。さようなら。

परिशिष्ट
pəriśiṣṭ

1) संख्या
1) səṅkhyā

1. एक	1. ēk
2. दोन	2. dōn
3. तीन	3. tīn
4. चार	4. cār
5. पाच	5. pāc̣
6. सहा	6. səhā
7. सात	7. sāt
8. आठ	8. āṭʰ
9. नऊ	9. nəū
10. दहा	10. dəhā
11. अकरा	11. əkrā

付　録

Huroku

1）数

1）kazu

1．ichi	1．いち
2．ni	2．に
3．san	3．さん
4．shi	4．し
5．go	5．ご
6．roku	6．ろく
7．shichi	7．しち
8．hachi	8．はち
9．ku	9．く
10. jū	10. じゅう
11. jūichi	11. じゅういち

12.	बारा	12.	bārā
13.	तेरा	13.	tērā
14.	चौदा	14.	ç̣əudā
15.	पंधरा	15.	pənd^{h}rā
16.	सोळा	16.	sōḷā
17.	सतरा	17.	sətrā
18.	अठरा	18.	əṭ^{h}rā
19.	एकोणीस	19.	ekōṇīs
20.	वीस	20.	vīs
21.	एकवीस	21.	ēkvīs
22.	बावीस	22.	bāvīs
23.	तेवीस	23.	tēvīs
24.	चोवीस	24.	cōvīs
25.	पंचवीस	25.	pəñcvīs
26.	सव्वीस	26.	səvvīs
27.	सत्तावीस	27.	səttāvīs
28.	अठ्ठावीस	28.	əṭṭ^{h}āvīs

12. jūni	12. じゅうに
13. jūsan	13. じゅうさん
14. jūshi	14. じゅうし
15. jūgo	15. じゅうご
16. jūroku	16. じゅうろく
17. jūshichi	17. じゅうしち
18. jūhachi	18. じゅうはち
19. jūku	19. じゅうく
20. nijū	20. にじゅう
21. nijūichi	21. にじゅういち
22. nijūni	22. にじゅうに
23. nijūsan	23. にじゅうさん
24. nijūshi	24. にじゅうし
25. nijūgo	25. にじゅうご
26. nijūroku	26. にじゅうろく
27. nijūshichi	27. にじゅうしち
28. nijūhachi	28. にじゅうはち

29. एकोणतीस	29. ekōṇtīs
30. तीस	30. tīs
31. एकतीस	31. ēktīs
32. बत्तीस	32. bəttīs
33. तेहतीस	33. tehetīs
34. चौतीस	34. c̣əutīs
35. पस्तीस	35. pəstīs
36. छत्तीस	36. cʰəttīs
37. सदतीस	37. sədtīs
38. अडतीस	38. əḍtīs
39. एकोणचाळीस	39. ekōṇcāḷis
40. चाळीस	40. cāḷis
41. एक्केचाळीस	41. ekkēcāḷīs
42. बेचाळीस	42. bēcāḷis
43. त्रेचाळीस	43. trēcāḷis
44. चव्वेचाळीस	44. c̣əwwēcāḷīs
45. पंचेचाळीस	45. pəñcēcāḷis

29. nijūku	29. にじゅうく
30. sanjū	30. さんじゅう
31. sanjūichi	31. さんじゅういち
32. sanjūni	32. さんじゅうに
33. sanjūsan	33. さんじゅうさん
34. sanjūshi	34. さんじゅうし
35. sanjūgo	35. さんじゅうご
36. sanjūroku	36. さんじゅうろく
37. sanjūshichi	37. さんじゅうしち
38. sanjūhachi	38. さんじゅうはち
39. sanjūku	39. さんじゅうく
40. yonjū	40. よんじゅう
41. yonjūichi	41. よんじゅういち
42. yonjūni	42. よんじゅうに
43. yonjūsan	43. よんじゅうさん
44. yonjūshi	44. よんじゅうし
45. yonjūgo	45. よんじゅうご

46. सेहेचाळीस	46. sehecāḷīs
47. सत्तेचाळीस	47. səttēcāḷīs
48. अठ्ठेचाळीस	48. əṭṭ^{h}ēcāḷīs
49. एकोणपन्नास	49. ekōṇpənnās
50. पन्नास	50. pənnās
51. एक्कावन्न	51. ekkāwənnə
52. बावन्न	52. bāwənnə
53. त्रेपन्न	53. trēpənnə
54. चोपन्न	54. cōpənnə
55. पंचावन्न	55. pañcāwənnə
56. छप्पन्न	56. c^{h}əppənnə
57. सत्तावन्न	57. səttāwənnə
58. अठ्ठावन्न	58. əṭṭ^{h}āwənnə
59. एकोणसाठ	59. ekōṇsāṭ^{h}
60. साठ	60. sāṭ^{h}
61. एकसष्ट	61. ēksəṣṭ
62. बासष्ट	62. bāsəṣṭ

46. yonjūroku

47. yonjūshichi

48. yonjūhachi

49. yonjūku

50. gojū

51. gojūichi

52. gojūni

53. gojūsan

54. gojūshi

55. gojūgo

56. gojūroku

57. gojūshichi

58. gojūhachi

59. gojūku

60. rokujū

61. rokujūichi

62. rokujūni

46. よんじゅうろく

47. よんじゅうしち

48. よんじゅうはち

49. よんじゅうく

50. ごじゅう

51. ごじゅういち

52. ごじゅうに

53. ごじゅうさん

54. ごじゅうし

55. ごじゅうご

56. ごじゅうろく

57. ごじゅうしち

58. ごじゅうはち

59. ごじゅうく

60. ろくじゅう

61. ろくじゅういち

62. ろくじゅうに

63. त्रेसष्ट	63. trēsəṣṭ
64. चौसष्ट	64. çəusəṣṭ
65. पासष्ट	65. pāsəṣṭ
66. सहासष्ट	66. səhāsəṣṭ
67. सदुसष्ट	67. sədusəṣṭ
68. अडुसष्ट	68. əḍusəṣṭ
69. एकोणसत्तर	69. ekōṇsəttər
70. सत्तर	70. səttər
71. एकाहत्तर	71. ēkāhəttər
72. बहात्तर	72. bəhāttər
73. त्र्याहत्तर	73. tryāhəttər
74. चौऱ्याहत्तर	74. çəuryāhəttər
75. पंचाहत्तर	75. pəñcāhəttər
76. शहात्तर	76. śəhāttər
77. सत्याहत्तर	77. səttyāhəttər
78. अठ्ठ्याहत्तर	78. əṭṭʰyāhəttər
79. एकोणऐंशी	79. ekōṇəinśī

63. rokujūsan	63. ろくじゅうさん
64. rokujūshi	64. ろくじゅうし
65. rokujūgo	65. ろくじゅうご
66. rokujūroku	66. ろくじゅうろく
67. rokujūshichi	67. ろくじゅうしち
68. rokujūhachi	68. ろくじゅうはち
69. rokujūku	69. ろくじゅうく
70. shichijū	70. しちじゅう
71. shichijūichi	71. しちじゅういち
72. shichijūni	72. しちじゅうに
73. shichijūsan	73. しちじゅうさん
74. shichijūshi	74. しちじゅうし
75. shichijūgo	75. しちじゅうご
76. shichijūroku	76. しちじゅうろく
77. shichijūshichi	77. しちじゅうしち
78. shichijūhachi	78. しちじゅうはち
79. shichijūku	79. しちじゅうく

80. ऐंशी	80. əinśī
81. एक्याऐंशी	81. ēkyāəinśī
82. ब्याऐंशी	82. byāəinśī
83. त्र्याऐंशी	83. tryāəinśī
84. चौऱ्याऐंशी	84. çəuryāəinśī
85. पंचाऐंशी	85. pəñcāəinśī
86. शहाऐंशी	86. śəhāəinśī
87. सत्याऐंशी	87. səttyāəinśī
88. अठ्ठ्याऐंशी	88. əṭṭ^{h}yāəinśī
89. एकोणनव्वद	89. ekōṇnəwwəd
90. नव्वद	90. nəwwəd
91. एक्याण्णव	91. ēkyāṇṇəw
92. ब्याण्णव	92. byāṇṇəw
93. त्र्याण्णव	93. tryāṇṇəw
94. चौऱ्याण्णव	94. çəuryāṇṇəw
95. पंचाण्णव	95. pəñcāṇṇəw
96. शहाण्णव	96. śəhāṇṇəw

80. hachijū	80. はちじゅう
81. hachijūichi	81. はちじゅういち
82. hachijūni	82. はちじゅうに
83. hachijūsan	83. はちじゅうさん
84. hachijūshi	84. はちじゅうし
85. hachijūgo	85. はちじゅうご
86. hachijūroku	86. はちじゅうろく
87. hachijūshichi	87. はちじゅうしち
88. hachijūhachi	88. はちじゅうはち
89. hachijūku	89. はちじゅうく
90. kyūjū	90. きゅうじゅう
91. kyūjūichi	91. きゅうじゅういち
92. kyūjūni	92. きゅうじゅうに
93. kyūjūsan	93. きゅうじゅうさん
94. kyūjūshi	94. きゅうじゅうし
95. kyūjūgo	95. きゅうじゅうご
96. kyūjūroku	96. きゅうじゅうろく

97. सत्याण्णव	97. səttyāṇṇəw
98. अठ्ठ्याण्णव	98. əṭṭ^{h}yāṇṇəw
99. नव्याण्णव	99. nəvyāṇṇəw
100. शंभर	100. śəmb^{h}ər
101. एकशेएक	101. ēkśēēk
102. एकशेदोन	102. ēkśēdōn
1,000. (एक) हजार	1,000. (ēk) həzār
1,001. एक हजार एक	1,001. ēk həzār ēk
10,000. दहा हजार	10,000. dəhā həzār
100,000. (एक) लाख	100,000. (ēk) lāk^{h}
1,000,000. दहा लाख	1,000,000. dəhā lāk^{h}
10,000,000. (एक) कोटी	10,000,000. (ēk) kōṭī
100,000,000. दहा कोटी	100,000,000. dəhā kōṭī
1,000,000,000. (एक) अब्ज	1,000,000,000. (ēk) əbjə

97. kyūjūshichi	97. きゅうじゅうしち
98. kyūjūhachi	98. きゅうじゅうはち
99. kyūjūku	99. きゅうじゅうく
100. hyaku	100. ひゃく
101. hyaku ichi	101. ひゃくいち
102. hyaku ni	102. ひゃくに
1,000. sen	1,000. せん
1,001. sen ichi	1,001. せんいち
10,000. ichi-man	10,000. いちまん
100,000. jū-man	100,000. じゅうまん
1,000,000. hyaku-man	1,000,000. ひゃくまん
10,000,000. sen-man	10,000,000. せんまん
100,000,000. ichi-oku	100,000,000. いちおく
1,000,000,000. jū-oku	1,000,000,000. じゅうおく

2) अपूर्णांक

2) əpūrṇāṅk

$\frac{1}{4}$. पाव	$\frac{1}{4}$. pāw
$\frac{1}{2}$. अर्धा	$\frac{1}{2}$. ərd^{h}ā
$\frac{3}{4}$. पाऊण	$\frac{3}{4}$. pāūṇ
$+\frac{1}{4}$. सव्वा	$+\frac{1}{4}$. səwwā
$+\frac{1}{2}$. साडे	$+\frac{1}{2}$. sāḍē
$-\frac{1}{4}$. पावणे	$-\frac{1}{4}$. pāwṇē
$1+\frac{1}{4}$. सव्वा	$1+\frac{1}{4}$. səwwā
$1+\frac{1}{2}$. दीड	$1+\frac{1}{2}$. dīḍ
$2-\frac{1}{4}$. पावणेदोन	$2-\frac{1}{4}$. pāwṇēdōn
$2+\frac{1}{4}$. सव्वादोन	$2+\frac{1}{4}$. səwwādōn
$2+\frac{1}{2}$. अडीच	$2+\frac{1}{2}$. əḍīç
$3-\frac{1}{4}$. पावणेतीन	$3-\frac{1}{4}$. pāwṇētīn
$3+\frac{1}{4}$. सव्वातीन	$3+\frac{1}{4}$. səwwātīn
$3+\frac{1}{2}$. साडेतीन	$3+\frac{1}{2}$. sāḍētīn

2) 分　数

2) bunsū

$\frac{1}{4}$. yonbun no ichi	$\frac{1}{4}$. よんぶんのいち
$\frac{1}{2}$. nibun no ichi	$\frac{1}{2}$. にぶんのいち
$\frac{3}{4}$. yonbun no san	$\frac{3}{4}$. よんぶんのさん
$+\frac{1}{4}$. tasu yonbun no ichi	$+\frac{1}{4}$. たすよんぶんのいち
$+\frac{1}{2}$. tasu nibun no ichi	$+\frac{1}{2}$. たすにぶんのいち
$-\frac{1}{4}$. hiku yonbun no ichi	$-\frac{1}{4}$. ひくよんぶんのいち
$1+\frac{1}{4}$. ichi to yonbun no ichi	$1+\frac{1}{4}$. いちとよんぶんのいち
$1+\frac{1}{2}$. ichi to nibun no ichi	$1+\frac{1}{2}$. いちとにぶんのいち
$2-\frac{1}{4}$. ni hiku yonbun no ichi	$2-\frac{1}{4}$. にひくよんぶんのいち
$2+\frac{1}{4}$. ni to yonbun no ichi	$2+\frac{1}{4}$. にとよんぶんのいち
$2+\frac{1}{2}$. ni to nibun no ichi	$2+\frac{1}{2}$. にとにぶんのいち
$3-\frac{1}{4}$. san hiku yonbun no ichi	$3-\frac{1}{4}$. さんひくよんぶんのいち
$3+\frac{1}{4}$. san to yonbun no ichi	$3+\frac{1}{4}$. さんとよんぶんのいち
$3+\frac{1}{2}$. san to nibun no ichi	$3+\frac{1}{2}$. さんとにぶんのいち

$4-\frac{1}{4}$. पावणेचार

$4-\frac{1}{4}$. pāwṇēcār

3) दशांश

3) dəśā̃w̃ś

0.1. एक दशांश

0.1. ēk dəśā̃w̃ś

0.11. अकरा शतांश

0.11. əkrā śətā̃w̃ś

1.1. एक पूर्णांक एक दशांश

1.1. ēk pūrṇāṅk ēk dəśā̃w̃ś

4) क्रमांक

4) krəmāṅk

1. पहिला
2. दुसरा
3. तिसरा
4. चौथा
5. पाचवा
6. सहावा
7. सातवा
8. आठवा
9. नववा

1. pəhilā
2. dusrā
3. tisrā
4. $\text{cəut}^{\text{h}}\text{ā}$
5. paçwā
6. səhāwā
7. sātwā
8. $\text{āṭ}^{\text{h}}\text{wā}$
9. nəwwā

$4-\frac{1}{4}$. yon hiku yonbun no ichi

$4-\frac{1}{4}$. よんひくよんぶんのいち

3）小　数

3）shōsū

0.1. rei ten ichi

0.1. れいてんいち

0.11. rei ten ichi ichi

0.11. れいてんいちいち

1.1. it-ten ichi

1.1. いちてんいち

4）序　数

4）josū

1．ichibanme no

1．いちばんめの

2．nibanme no

2．にばんめの

3．sanbanme no

3．さんばんめの

4．yonbanme no

4．よんばんめの

5．gobanme no

5．ごばんめの

6．rokubanme no

6．ろくばんめの

7．shichibanme no

7．しちばんめの

8．hachibanme no

8．はちばんめの

9．kyūbanme no

9．きゅうばんめの

10. दहावा	10. dəhāwā
19. एकोणिसावा	19. ekōṇisāwā
20. विसावा	20. visāwā
21. एकविसावा	21. ēkvisāwā
22. बाविसावा	22. bāvisāwā
30. तिसावा	30. tisāwā
31. एकतिसावा	31. ēktisāwā
32. बत्तिसावा	32. bəttisāwā
40. चाळिसावा	40. cāḷisāwā
41. एक्केचाळिसावा	41. ekkēcāḷisāwā
42. बेचाळिसावा	42. bēcāḷisāwā
50. पन्नासावा	50. pənnāsāwā
51. एक्कावन्नावा	51. ekkāwənnāwā
52. बावन्नावा	52. bāwənnāwā
60. साठावा	60. sāṭʰāwā
61. एकसष्टावा	61. ēksəṣṭāwā
62. बासष्टावा	62. bāsəṣṭāwā

10. jūbanme no

19. jūkyūbanme no

20. nijūbanme no

21. nijūichibanme no

22. nijūnibanme no

30. sanjūbanme no

31. sanjūichibanme no

32. sanjūnibanme no

40. yonjūbanme no

41. yonjūichibanme no

42. yonjūnibanme no

50. gojūbanme no

51. gojūichibanme no

52. gojūnibanme no

60. rokujūbanme no

61. rokujūichibanme no

62. rokujūnibanme no

10. じゅうばんめの

19. じゅうきゅうばんめの

20. にじゅうばんめの

21. にじゅういちばんめの

22. にじゅうにばんめの

30. さんじゅうばんめの

31. さんじゅういちばんめの

32. さんじゅうにばんめの

40. よんじゅうばんめの

41. よんじゅういちばんめの

42. よんじゅうにばんめの

50. ごじゅうばんめの

51. ごじゅういちばんめの

52. ごじゅうにばんめの

60. ろくじゅうばんめの

61. ろくじゅういちばんめの

62. ろくじゅうにばんめの

70. सत्तरावा	70. səttərāwā
71. एकाहत्तरावा	71. ēkāhəttərāwā
72. बहात्तरावा	72. bəhāttərāwā
80. ऐंशीवा	80. əinśīwā
81. एक्याऐंशीवा	81. ēkyāəinśīwā
82. ब्याऐंशीवा	82. byāəinśīwā
90. नव्वदावा	90. nəwwədāwā
91. एक्याण्णवावा	91. ēkyāṇṇəwāwā
92. ब्याण्णवावा	92. byāṇṇəwāwā
99. नव्याण्णवावा	99. nəvyāṇṇəwāwā
100. शंभरावा	100. śəmb^{h}ərāwā
101. एकशेएकावा	101. ēkśēēkāwā
102. एकशेदोनावा	102. ēkśēdōnāwā
103. एकशेतीनावा	103. ēkśētīnāwā
1000. हजारावा	1,000. həzārāwā
1001. एकहजारएकावा	1,001. ēkhəzārēkāwā

70. shichijūbanme no	70. しちじゅうばんめの
71. shichijūichibanme no	71. しちじゅういちばんめの
72. shichijūnibanme no	72. しちじゅうにばんめの
80. hachijūbanme no	80. はちじゅうばんめの
81. hachijūichibanme no	81. はちじゅういちばんめの
82. hachijūnibanme no	82. はちじゅうにばんめの
90. kyūjūbanme no	90. きゅうじゅうばんめの
91. kyūjūichibanmeno	91. きゅうじゅういちばんめの
92. kyūjūnibanme no	92. きゅうじゅうにばんめの
99. kyūjūkyūbanme no	99. きゅうじゅうきゅうばんめの
100. hyakubanme no	100. ひゃくばんめの
101. hyakuichibanme no	101. ひゃくいちばんめの
102. hyakunibanme no	102. ひゃくにばんめの
103. hyakusanbanme no	103. ひゃくさんばんめの
1000. senbanme no	1000. せんばんめの
1001. senichibanme no	1001. せんいちばんめの

5) पट

5) pəṭ

$\times\frac{1}{4}$. पावपट	$\times\frac{1}{4}$. pāwpəṭ
$\times\frac{1}{2}$. निमपट	$\times\frac{1}{2}$. nimpəṭ
$\times\frac{3}{4}$. पाऊणपट	$\times\frac{3}{4}$. pāūṇpəṭ
×2. दुप्पट	×2. duppəṭ
×3. तिप्पट	×3. tippəṭ
×4. चौपट	×4. cəupəṭ
×5. पाचपट	×5. pāçpəṭ
×6. सहापट	×6. səhāpəṭ
×7. सातपट	×7. sātpəṭ
×8. आठपट	×8. $\bar{a}ṭ^{h}$pəṭ
×9. नऊपट	×9. nəūpəṭ
×10. दहापट	×10. dəhāpəṭ

5）倍　数

5）baisū

$\times\frac{1}{4}$. yonbun no ichi bai	$\times\frac{1}{4}$. よんぶんのいちばい
$\times\frac{1}{2}$. nibun no ichi bai	$\times\frac{1}{2}$. にぶんのいちばい
$\times\frac{3}{4}$. yonbun no san bai	$\times\frac{3}{4}$. よんぶんのさんばい
×2. nibai	×2. にばい
×3. sanbai	×3. さんばい
×4. yonbai	×4. よんばい
×5. gobai	×5. ごばい
×6. rokubai	×6. ろくばい
×7. shichibai	×7. しちばい
×8. hachibai	×8. はちばい
×9. kyūbai	×9. きゅうばい
×10. jūbai	×10. じゅうばい

6) आठवडा

6) āṭʰəwḍā

रविवार	rəviwār
सोमवार	sōmwār
मंगळवार	məṅgəḷwār
बुधवार	budʰwār
गुरुवार	guruwār
शुक्रवार	sukkrəwār
शनिवार	śəniwār

7) इंग्रजी महिने

7) iṅgrəjī məhinē

जानेवारी	jānēwārī
फेब्रुवारी	februwārī
मार्च	mārc
एप्रिल	ēpril
मे	mē

6）曜　日

6）yōbi

nichi-yōbi	日曜日
getsu-yōbi	月曜日
ka-yōbi	火曜日
sui-yōbi	水曜日
moku-yōbi	木曜日
kin-yōbi	金曜日
do-yōbi	土曜日

7）月(英語式)

7）tsuki (eigoshiki)

ichi-gatsu	一月
ni-gatsu	二月
san-gatsu	三月
shi-gatsu	四月
go-gatsu	五月

जून	jūn
जुलै	juləi
ऑगस्ट	ɔ̄gəsṭ
सप्टेंबर	səpṭēmbər
ऑक्टोबर	ɔkṭōbər
नोव्हेंबर	nōv^{h}ēmbər
डिसेंबर	ḍisēmbər

8) मराठी महिने

8) mərāṭ^{h}ī məhinē

चैत्र	cəitrə
वैशाख	wəiśāk^{h}
ज्येष्ठ	jēṣṭ^{h}ə
आषाढ	āṣāḍ^{h}
श्रावण	śrāwəṇ
भाद्रपद	b^{h}ādrəpəd
आश्विन	āśvin
कार्तिक	kārtik

roku-gatsu	六月
shichi-gatsu	七月
hachi-gatsu	八月
ku-gatsu	九月
jū-gatsu	十月
jūichi-gatsu	十一月
jūni-gatsu	十二月

8) 月(マラーティー式)

8) tsuki (marātī shiki)

chaitora	チャイトラ
waishāku	ワイシャーク
jēshuta	ジェーシュタ
āshādo	アーシャード
shurāwan	シュラーワン
bādorapado,	バードラパド
āshuwin	アーシュウィン
kārutiku	カールティク

मार्गशीर्ष	mārgəśīrṣə
पौष	pəuṣ
माघ	māg^h
फाल्गुन	p^{h}ālgun

9) ऋतू

9) rutū

उन्हाळा	un^{h}āḷā
पावसाळा	pāwsāḷā
हिवाळा	hiwāḷā

10) वेळ

10) wēḷ

कधी / केव्हा	kəd^{h}ī / kew^{h}ā
कधी तरी	kəd^{h}ī tərī
कधीही	kəd^{h}īhī
आत्ता	āttā
आता	ātā
आज	āz

mārugashīrusha	マールガシールシャ
paushu	パウシュ
māgu	マーグ
pārugun	パールグン

9) 季　節
9) kisetsu

natsu	夏
uki	雨期
huyu	冬

10) 時
10) toki

itsu	いつ
itsuka	いつか
itsu demo	いつでも
ima sugu	今すぐ
ima	今
kyō	今日

काल	kāl
परवा	pərwā
उद्या	udyā
परवा	pərwā
पहाटे	pəhāṭē
सकाळी	səkāḷī
दुपारी	dupārī
संध्याकाळी	sənd^{h}yākāḷī
रात्री	rātrī
मध्यरात्री	mədd^{h}yərātrī
आदल्या दिवशी	ādlyā diwśī
नंतरच्या दिवशी	nəntərcā diwśī
पुढल्या दिवशी	puḍ^{h}lyā diwśī
किती वेळ	kitī wēḷ
किती मिनिटं	kitī minṭə̄
किती तास	kitī tās
किती दिवस	kitī diwəs

kinō	昨日
ototoi	一昨日
ashita	明日
asatte	明後日
sōchō ni	早朝に
asa ni	朝に
hiru ni	昼に
yūgata ni	夕方に
yoru ni	夜に
shin'ya ni	深夜に
zenjitsu ni	前日に
tsugi no hi ni	次の日に
yokujitsu ni	翌日に
dore dake no jikan	どれだけの時間
nanpun-kan	何分間
nanji-kan	何時間
nannichi-kan	何日間

किती आठवडे	kitī āṭ^{h}əwḍē
किती महिने	kitī məhinē
किती वर्षं	kitī vərṣə
किती वेळा / कितीदा	kitī wēḷā / kitīdā
एक वेळा / एकदा	ēk wēḷā / ēkdā
दोन वेळा / दोनदा	dōn wēḷā / dōndā
तीन वेळा / तीनदा	tīn wēḷā / tīndā
काही वेळा	kāhī wēḷā
कितव्या वेळी (कितव्यांदा)	kitvyā wēḷī (kitvyāndā)
पहिल्या वेळी (पहिल्यांदा)	pəhilyā wēḷī (pəhilyāndā)
दुसऱ्या वेळी (दुसऱ्यांदा)	dusryā wēḷī (dusryāndā)
तिसऱ्या वेळी (तिसऱ्यांदा)	tisryā wēḷī (tisryāndā)
केव्हापासून	kēw^{h}āpāsūn
केव्हापर्यंत	kēw^{h}āpəryənt
मघाशी	məg^{h}āśī

nanshū-kan	何週間
nankagetsu-kan	何ヶ月間
nannen-kan	何年間
nando	何度
ichido	1度
nido	2度
sando	3度
ikudoka	幾度か
nankaime ni (nankaime ni)	何回目に (何回目に)
ikkaime ni (ikkaime ni)	1回目に (1回目に)
nikaime ni (nikaime ni)	2回目に (2回目に)
sankaime ni (sankaime ni)	3回目に (3回目に)
itsu kara	いつから
itsu made	いつまで
saki hodo	先程

पूर्वी	pūrvī
त्यापूर्वी	tyāpūrvī
दहा मिनिटांपूर्वी	dəhā minṭāmpūrvī
काही मिनिटांपूर्वी	kāhī minṭāmpūrvī
एक तासापूवी / एका तासापूर्वी	ēk tāsāpūrvī / ēkā tāsāpūrvī
दोन तासांपूर्वी	dōn tāsāmpūrvī
काही तासांपूर्वी	kāhī tāsāmpūrvī
एक दिवसापूर्वी / एका दिवसापूर्वी	ēk diwsāpūrvī / ēkā diwsāpūrvī
दोन दिवसांपूर्वी	dōn diwsāmpūrvī
काही दिवसांपूर्वी	kāhī diwsāmpūrvī
एक आठवड्यापूर्वी / एका आठवड्यापूर्वी	ēk āṭ^{h}əwḍyāpūrvī /ēkā āṭ^{h}əwḍyāpūrvī
दोन आठवड्यांपूर्वी	dōn āṭ^{h}əwḍyāmpūrvī
काही आठवड्यांपूर्वी	kāhī āṭ^{h}əwḍyāmpūrvī
एक महिन्यापूर्वी / एका महिन्यापूर्वी	ēk məhinyāpūrvī / ēkā məhinyāpūrvī
दोन महिन्यांपूर्वी	dōn məhinyāmpūrvī
काही महिन्यांपूर्वी	kāhī məhinyāmpūrvī

izen	以前
sono mae ni	その前に
juppun mae ni	10分前に
sūhun mae ni	数分前に
ichijikan mae ni	1時間前に
nijikan mae ni	2時間前に
sūjikan mae ni	数時間前に
ichinichi mae ni	1日前に
hutsuka mae ni	2日前に
sūjitsu mae ni	数日前に
isshūkan mae ni	1週間前に
nishūkan mae ni	2週間前に
sūshūkan mae ni	数週間前に
ikkagetsu mae ni	1ヶ月前に
nikagetsu mae ni	2ヶ月前に
sūkagetsu mae ni	数ヶ月前に

एक वर्षापूर्वी / एका वर्षापूर्वी	ēk wərṣāpūrvī / ēkā wərṣāpūrvī
दोन वर्षांपूर्वी	dōn wərṣāmpūrvī
काही वर्षांपूवी	kāhī wərṣāmpūrvī
फार पूर्वी	p^{h}ār pūrvī
नंतर	nəntər
त्यानंतर	tyānəntər
एक तासानंतर / एका तासानंतर	ēk tāsānəntər / ēkā tāsānəntər
दोन तासांनंतर	dōn tāsānnəntər
पुढे	puḍ^{h}ē
भविष्यात	b^{h}əviṣṣāt

11) स्थान आणि दिशा

11) st^{h}ān āṇi diśā

कुठे	kuṭ^{h}ē
इथे	it^{h}ē
तिथे	tit^{h}ē
कुठे तरी	kuṭ^{h}ē tərī
कुठेही	kuṭ^{h}ēhī

ichinen mae ni	1年前に
ninen mae ni	2年前に
sūnen mae ni	数年前に
zutto izen ni	ずっと以前に
ato de	後で
sono ato de	その後で
ichijikan go ni	1時間後に
nijikan go ni	2時間後に
kongo	今後
shōrai	将来

11）場所と方向
11）basho to hōkō

doko ni	どこに
koko ni	ここに
asoko ni	あそこに
dokoka ni	どこかに
doko demo	どこでも

कुणीकडे	kuṇīkəḍē
इकडे	ikḍē
तिकडे	tikḍē
कुठून	kuṭ^{h}ūn
इथून	it^{h}ūn
तिथून	tit^{h}ūn
कुठपर्यंत	kuṭ^{h}pəryənt
इथपर्यंत	it^{h}pəryənt
तिथपर्यंत	tit^{h}pəryənt
उजवा	uzwā
उजवीकडे	uzvīkəḍē
डावा	ḍāwā
डावीकडे	ḍāvīkəḍē
सरळ	sərəḷ
पुढे	puḍ^{h}ē
त्याच्यापुढे	tyacāpuḍ^{h}ē
मागे	māgē

dochira no hō ni	どちらの方に
kochira no hō ni	こちらの方に
achira no hō ni	あちらの方に
doko kara	どこから
koko kara	ここから
asoko kara	あそこから
doko made	どこまで
koko made	ここまで
asoko made	あそこまで
migi no	右の
migigawa ni	右側に
hidari no	左の
hidarigawa ni	左側に
massugu	まっすぐ
zenpō ni	前方に
sono saki ni	その先に
ushiro ni	後ろに

त्याच्यामागे	tyacāmāgē
समोर	səmōr
त्याच्यासमोर	tyācāsəmōr
समोरासमोर	səmōrāsəmōr
जवळ	zəwəḷ
त्याच्याजवळ	tyācāzəwəḷ
शेजारी	śēzārī
त्याच्याशेजारी	tyācāśēzārī
वर	wər
वरती	wərtī
त्याच्यावर	tyācāwər
खाली	k^hālī
त्याच्याखाली	tyācāk^hālī
पूर्व	pūrwə
पूर्वेचा	pūrwēçā
पूर्वेला	pūrwēlā
पूर्वेकडे	pūrwēkəḍē

sono ushiro ni	その後ろに
shōmen ni	正面に
sono shōmen ni	その正面に
mukaiatte	向かい合って
soba ni	そばに
sono soba ni	そのそばに
tonari ni	隣に
sono tonari ni	その隣に
ue ni	上に
ue ni	上に
sono ue ni	その上に
shita ni	下に
sono shita ni	その下に
higashi	東
higashi no	東の
higashi ni	東に
higashi no hō ni	東の方に

दक्षिण	dəkṣiṇ
दक्षिणेचा	dəkṣiṇēçā
दक्षिणेला	dəkṣiṇēlā
दक्षिणेकडे	dəkṣiṇēkəḍē
पश्चिम	pəścim
पश्चिमेचा	pəścimēçā
पश्चिमेला	pəścimēlā
पश्चिमेकडे	pəścimēkəḍē
उत्तर	uttər
उत्तरेचा	uttərēçā
उत्तरेला	uttərēlā
उत्तरेकडे	uttərēkəḍē

12) पद्धत

12) pəddʰət

कसा / कसं / कशी	kəsā / kəsə̄ / kəśī
कशा तऱ्हेने	kəśā tərhēnē

minami	南
minami no	南の
minami ni	南に
minami no hō ni	南の方に
nishi	西
nishi no	西の
nishi ni	西に
nishi no hō ni	西の方に
kita	北
kita no	北の
kita ni	北に
kita no hō ni	北の方に

12）方　法

12）hōhō

dono yō na (dansei / chūsei / josei)	どのような(男性，中性，女性)
dono yō ni	どのように

असा / असं / अशी	əsā / əsə̄ / əśī
अशा तऱ्हेने / या तऱ्हेने	əśā tərhēnē / yā tərhēnē
तसा / तसं / तशी	təsā / təsə̄ / təśī
तशा तऱ्हेने / त्या तऱ्हेने	təśā tərhēnē / tyā tərhēnē
कसा तरी / कसं तरी / कशी तरी / कशा तरी	kəsā tərī / kəsə̄ tərī / kəśī tərī / kəśā tərī

13) प्रश्नात्मक शब्द (इतर)

13) prəśnātmak śəbdə (itər)

काय	kāy
कशाचा	kəśāçā
कशावर	kəśāwər
कशाबद्दल	kəśābəddəl
कशाने	kəśānē
कशाला	kəśālā
कशासाठी	kəśāsāṭʰī
कोण	kōṇ
कुणाचा	kuṇāçā

kono yō na(dansei / chūsei / josei)	このような(男性，中性，女性)
kono yō ni	このように
sono yō na(dansei/chūsei/josei)	そのような(男性，中性，女性)
sono yō ni	そのように
dono yō na(kyōchyō)(dansei / chūsei / josei / kōchikaku-kei)	どのような(強調)(男性，中性，女性，後置格形)

13) 疑問詞(その他)
13) gimonshi (sono ta)

nani	何
nani no	何の
nani no ue ni	何の上に
nani ni tsuite	何について
nani ni yotte	何によって
nani ni, naze	何に，なぜ
nani no tame ni	何のために
dare	誰
dare no	誰の

कुणावर	kuṇāwər
कुणाबद्दल	kuṇābəddəl
कुणी	kuṇī
कुणाला	kuṇālā
कुणासाठी	kuṇāsāṭʰī
कुणाकडे	kuṇākəḍē
कसला	kəslā
कुठला / कोणता	kuṭʰlā / kōṇtā
का	kā

14) अनिश्चयात्मक शब्द (इतर)

14) əniścəyātmak śəbdə (itər)

काही	kāhī
काही तरी	kāhī tərī
कोणी	kōṇī
कोणी तरी	kōṇī tərī
कसला तरी	kəslā tərī
कुठला तरी / कोणता तरी	kuṭʰlā tərī / kōṇtā tərī

dare no ue ni	誰の上に
dare ni tsuite	誰について
dare ni yotte	誰によって
dare ni	誰に
dare no tame ni	誰のために
dare no hō ni	誰の方に
dono yō na	どのような
dochira no	どちらの
naze	なぜ

14）不定的語彙(その他)

14）huteiteki goi (sono ta)

ikutsuka no	いくつかの
nanraka no (mono)	何らかの(もの)
dareka	誰か
dareka (kyōchō)	誰か(強調)
nanraka no	何らかの
izureka no	いずれかの

著者紹介

石田英明［いしだ・ひであき］大東文化大学助教授（インド語学）

目録進呈／落丁本・乱丁本はお取替えいたします。

平成 13 年 9 月 20 日　©第 1 版発行

実用マラーティー語会話

著　者　石田英明
発行者　佐藤政人

発行所
株式会社　大学書林
東京都文京区小石川 4 丁目 7 番 4 号
振替口座　00120-8-43740
電話　(03)3812-6281～3
郵便番号 112-0002

ISBN4-475-01336-4　TMプランニング／横山印刷／牧製本